IMAGENS DO PODER EM SÊNECA

Marilena Vizentin

IMAGENS DO PODER EM SÊNECA

ESTUDO SOBRE O *DE CLEMENTIA*

Copyright © 2005 Marilena Vizentin

Direitos reservados e protegidos pela Lei 9.610 de 19.02.1998.
É proibida a reprodução total ou parcial sem autorização,
por escrito, da editora.

Dados Internacionais de Catalogação na Publicação (CIP)
(Câmara Brasileira do Livro, SP, Brasil)

Vizentin, Marilena
    Imagens do poder em Sêneca: estudo sobre o De
Clementia / Marilena Vizentin. – Cotia, SP:
Ateliê Editorial, 2005.

    Bibliografia.
    ISBN 85-7480-310-3

    1. Poder (Ciências sociais) 2. Roma – História –
Império, 30 A.C-476 3. Sêneca, De Clementia –
Crítica e interpretação I. Título.

05-9130   CDD-878.01

Índices para catálogo sistemático:
1. Sêneca: De Clementia: Literatura latina
878.01

Direitos reservados à
ATELIÊ EDITORIAL
Estrada da Aldeia de Carapicuíba, 897
06709-300 – Cotia – São Paulo
Telefax: (11) 4612-9666 / 4702-5915
www.atelie.com.br
atelie_editorial@uol.com.br

Printed in Brazil 2005
Foi feito o depósito legal

SUMÁRIO

ABREVIATURAS 9

PREFÁCIO – *Sêneca e o Império Romano* 11

APRESENTAÇÃO 19

INTRODUÇÃO 27

I. O *De Clementia* e sua Teoria de Poder 33

Augusto e a Instituição do *Principatus* 34

O *De Clementia* e o Contexto Neroniano 46

As Emissões Monetárias do Período Júlio-Claudiano . . 67

II. Questões Gerais sobre o *De Clementia* 79

Historiografia 79

Gênero 90

Bases Filosóficas 98

Conceitos e Mecanismos da *Clementia* 118

Grupos Sociais Envolvidos na Utilização da
Clementia 128

III. Estrutura do *De Clementia* 137

O Plano Lógico-Argumentativo de Sêneca 140

Exemplos Citados no *De Clementia* 157

Primeira Ordenação Temática 162

Segunda Ordenação Temática 171

Contradições, Lapsos e Omissões 183

Conclusão 195

Glossário 201

Fontes e Bibliografia 215

Abreviaturas

AC – *L'Antiquité Classique* (Bruxelles)

AFLF – *Annali della Facoltá di Lettere e Filologia* (Nápoles, Mezzogiorno)

ANRW – *Aufstieg und Niedergang der römischen Welt* (Berlin/New York, Walter de Gruyter)

BAGB – *Bulletin de L'Association Guillaume Budé* (Paris, Les Belles Lettres)

CJ – *Classical Journal* (Chicago)

Emerita – *Emerita. Rivista de Linguistica y Filologia Clasica* (Madrid, Consejo Superior de Investigaciones Cientificas)

Gym. – *Gymnasium. Zeitschrift für Kultur der Antike und humanistische Bildung* (Heidelberg, Winter)

Helmantica – *Helmantica. Rivista de Humanidades Clasicas.* (Salamanca, Universidad Pontificia de Salamanca)

JRS – *Journal of Roman Studies* (London, Society for the Promotion of Roman Studies)

Latomus – *Latomus. Revue des Études Latines* (Bruxelles, Éditions Latomus)

LEC – *Les Études Classiques* (Namur)

PP – *La Parola del Passato*. Rivista di Studi Antichi (Nápoles, Macchiaroli)

RAL – *Rendiconti della Classe di Scienze Morali, Storiche e Filologiche dell'Academia dei Lincei* (Roma)

R-E – *Pauly-Wissowa Real Encyklopädie der classischen Altertumswissenschaft* (Stuttgart, Druckenmüller)

REA – *Revue des Études Anciennes* (Bordeaux, Feret et Fils)

REG – *Revue des Études Grecques* (Bordeaux, Centre de Recherches Scientifiques)

REL – *Revue des Études Latines* (Paris, Les Belles Lettres)

RhM – *Rheinisches Museum für Philologie* (Frankfurt, Verlag)

RPh – *Revue de Philologie* (Paris, Klinksieck)

WS – *Wiener Studien. Zeitschrift für klassische Philologie und Patristik* (Viena, Verl. der Österr. Akademie)

YCS – *Yale Classical Studies* (Yale)

Prefácio

SÊNECA E O IMPÉRIO ROMANO

Durante mais de um século, acostumamo-nos à idéia de que os Estados-nacionais, surgidos após a Revolução Francesa, representavam o palco principal no qual se davam os embates de interesses específicos e se resolviam os conflitos dos habitantes de seus territórios, para o bem ou para o mal. As últimas décadas colocaram em xeque a capacidade dos Estados-nacionais de resolverem por si próprios seus problemas e de projetarem, de modo eficiente, diferentes alternativas de futuro. A chamada "globalização" financeira, tecnológica e cultural parece retirar, a cada dia, um pouco mais do poder efetivo dos Estados contemporâneos, sobretudo daqueles periféricos, como o Brasil, de definir projetos consistentes para seus países e de pensar, de modo autônomo, os futuros desejáveis. Há um verdadeiro impasse no mundo contemporâneo. Como um beco sem saída em que adentramos, sem saber o que nos espera no fim. Essa crise da modernidade (ou deveríamos chamá-la de "hiper-modernidade"?) parece reservar pouco espaço para um passado cada vez mais rapidamente distante e, conseqüentemente, para a História que o estuda.

Mas o passado e seu estudo não podem ser simplesmente descartados. Diria, muito pelo contrário, que a História nunca foi tão necessária: só ela pode fixar e fundar o presente como um momento específico no fluxo do tempo humano, pensar suas causas e projetar futuros possíveis, restabelecendo a ponte entre pretérito e futuro que a contemporaneidade, ilusionisticamente, tende a anular. Além disso, o estudo do passado se oferece hoje como fonte primeira de alteridade para pensarmos a nós mesmos, num mundo progressivamente uniforme e invariante. Ele nos abre a possibilidade de enxergarmos outras humanidades, para relativizarmos e repensarmos a humanidade de nossos dias.

Essas necessidades explicam, em grande medida, o crescente interesse sobre o Império Romano que a historiografia tem demonstrado nos últimos dez ou quinze anos. Com efeito, o Império Romano representou, para sua época e para as regiões abrangidas por seu domínio, uma ampla e duradoura experiência de integração entre povos, culturas e costumes distintos: uma espécie de "globalização" regional, certamente muito diversa do nosso presente, mas que pode ser útil para pensarmos, na e pela diferença, sobre os desafios do mundo contemporâneo.

É verdade que a História do Império Romano ainda se deixa contaminar, muitas vezes, pelo que poderíamos definir como sua "contradição interna": é a História de uma cidade, Roma, ao mesmo tempo em que a História de um Império sob o qual conviviam povos e culturas inteiramente distintos. Essa contradição se reflete na maneira como a historiografia tende a abordar as transformações do poder político, entendido como esfera pública de tomada e execução de decisões de alcance geral, no seio do Império. Isso é visível tanto na historio-

PREFÁCIO

grafia mais tradicional, que analisa a passagem da República ao Império por um viés essencialmente constitucional, seguindo as pegadas de Theodor Mommsen, quanto na historiografia mais recente, que enfatiza o caráter informal do poder imperial, como uma espécie de aliança das grandes famílias aristocráticas do Senado, que dominariam o espectro político. Em ambos os casos, o foco de atenção tende a ser Roma, a cidade-capital, ou, no máximo, a Itália, mas não o Império visto como um todo.

Ora, o Império Romano, após as conquistas do período republicano, consolidou-se como uma estrutura extremamente complexa, para a qual apenas muito recentemente a historiografia tem voltado sua atenção. Sendo o resultado de um processo multiforme de expansão imperial e consolidação das conquistas, o Império incluía em seu interior uma imensa multiplicidade de sociedades distintas: cidades-estado, que foram sempre o núcleo principal do poder imperial, organizações tribais, povos seminômades, territórios organizados em torno de templos ou de palácios, formando um mosaico caracterizado pela quase infinita diversidade de estatutos e posições frente ao poder do centro imperial. Um centro que, no decurso de sua história, deslocou-se progressivamente da capital para as províncias, anulando as antigas diferenças entre conquistadores e conquistados. Disso decorreu uma estrutura de poder muito heterogênea, baseada, é verdade, num pacto de elites através do Império, mas que se expressava e manifestava de modo não homogêneo ou linear. Pessoas, grupos ou mesmo regiões inteiras ocupavam posições específicas em sua relação com o poder imperial, muitas vezes não coincidindo com o *status* social de cada qual: o exército, a plebe das grandes metrópoles (em particular de Roma), os senadores, os cavaleiros (a ordem eqüestre) bem como as elites de algumas cidades possuíam poderes específicos e formas particulares de pressionar e atuar sobre o centro de poder para atender a suas demandas setoriais.

A historiografia contemporânea, oriunda do século XIX e ainda marcada pela perspectiva do Estado-nacional, demonstra uma grande dificuldade em compreender essa forma de manifestação e exercício do poder, bem como de dar conta de suas transformações ao longo do tempo. Faltam ainda referenciais teóricos, sem dúvida, mas as dificuldades são agravadas pelas próprias fontes antigas, que raramente se preocupam com o poder imperial, ou procuram pensar, em seus próprios termos, sobre seus fundamentos ou sobre seu exercício.

O presente livro tem o grande mérito de trazer para o debate historiográfico uma das raríssimas fontes antigas nas quais o poder imperial é o foco da atenção: o *Tratado sobre a Clemência*, escrito pelo filósofo Sêneca nos anos iniciais do governo de Nero. Muitas vezes considerado como um programa pontual para o governo deste Imperador, o *Tratado sobre a Clemência*, como demonstra a autora com singular acuidade, configura-se como uma concepção geral, e portanto atemporal, sobre o poder imperial, naquilo que tem de mais essencial e profundo.

É sob essa perspectiva que Marilena Vizentin explora e desvenda ao leitor os segredos do poder imperial, tal como vistos e/ou propostos por Sêneca. Como ressalta a autora, Sêneca não visa, com seu *Tratado*, à estrutura do próprio estado ou às minúcias da administração. Volta-se para o próprio Imperador, tentando definir sua posição frente ao corpo do Império e delimitar os limites e os alcances de seu poder. O Imperador é, antes de tudo, para Sêneca, o sustentáculo primeiro da ordem social, o fiel imprescindível da balança, que equilibra e atende as demandas particulares de uma massa e de um território que não possuem organicidade por si próprios e que não podem se manter unidos, senão pela existência de um poder que está acima de todos e de tudo, até da própria lei. Por isso, para Sêneca, o Imperador é como o Sol, universal, onipresente, cabeça de um corpo que não existe, não pensa e não subsiste senão por seu intermédio.

A análise minuciosa da autora nos revela, no entanto, que esse poder absoluto não é entendido, por Sêneca, como absolutamente livre. Pelo contrário: o poder imperial aparece em Sêneca como uma função que, se é essencial, está sob constante avaliação da opinião pública, que pode tanto sustentá-lo como derrubá-lo. Marilena Vizentin demonstra, assim, que a clemência é, no *Tratado* de Sêneca, não apenas uma virtude adequada ao Imperador, mas o grande instrumento de seu poder, a chave para manter o delicado equilíbrio entre o poder imperial e seus governados. Mas a clemência é, precisamente, o limite do exercício do poder absoluto, a chave para exercitá-lo digna e eficazmente, sem a qual o próprio poder pode dissolver-se.

Para demonstrar esse fato, Sêneca recorre a uma infinidade de exemplos, a uma casuística finamente elaborada, que a autora analisa com grande precisão, demonstrando que o poder absoluto deve ser sabiamente exercido, deve saber administrar-se em doses corretas, segundo as camadas da população às quais se dirige, ou cujas expectativas visa a atender. Desta forma, para Sêneca, o poder imperial não se concretiza de modo uniforme, apesar de se espraiar sobre a totalidade do Império. Aquele que, para muitos historiadores seria o grande esteio do poder imperial, ou seja, o exército, a mão armada, aparece de modo singularmente deslocado no texto de Sêneca: a espada só é realmente eficaz quando não é desembainhada, como um poder, por assim dizer, "virtual", que só pode ser utilizado com a anuência da opinião pública.

Esta última é, como argumenta de modo muito preciso a autora, o principal suporte do poder imperial, entendido na sua função primeira e essencial de garantidor da ordem. Para Sêneca, a opinião pública é, ao mesmo tempo, universal, ou seja, de todos os habitantes do Império, mas também estratificada. Dos exemplos citados por Sêneca, bem como de sua argumentação mais geral, dois grupos se destacam como potencialmente mais importantes para a satisfação da opinião do Império: a população de Roma, capital onde reside o Imperador, e os "grandes" do Império, em particular aqueles mais próximos ao Senado. É sobre estes últimos, e sob o olhar atento da plebe romana, que o Imperador deve atuar, mostrando sua clemência, sua capacidade de limitar o próprio poder de vida e morte sobre os habitantes do Império Romano, para que a opinião de todos lhe seja favorável. Em última instância, Sêneca propõe ao Imperador um pacto de elites que, sob as vistas de todos, garanta a tranqüilidade e a segurança de seu poder. É um pacto entre poderosos, sem dúvida, mas que só se efetiva porque é aceito pela massa dos habitantes, primeiro os de Roma, *caput mundi*, depois os demais cidadãos romanos ou, simplesmente, os "habitantes do Império". Sêneca nos mostra, dessa maneira, que o preço da integração, bem como da paz subseqüente, foi a progressiva perda da autonomia local, reduzida à manifestação de uma "opinião", de um clamor público contra a pessoa do governante cujas ações, além disso, devem pautar-se pelo atendimento diferenciado a camadas distintas da população do Império. Se o poder do Imperador, tal como visto por Sêneca, não é absoluto, ele só pode ser alterado de modo abrupto, pela substituição do governante e, não mais, pela mudança de regime político. Neste sentido, e para empregarmos um termo atual, Sêneca refere-se mais à "governabilidade" do que ao governo do Império propriamente dito. A integração promovida pelo Império será sempre elitista e de caráter absoluto: única maneira de manter unido "o vasto corpo do Império".

Desta forma, o leitor tem em mãos um estudo acurado e percuciente dos fundamentos do poder imperial romano, através da obra de um observador privilegiado, membro do Senado de Roma e preceptor de um Imperador. *Imagens do Poder em Sêneca* representa, assim, uma contribuição extremamente relevante para o estudo do Império Romano, visto sob uma ótica singular, única, que nos propõe problemas relevantes para pensarmos a própria atualidade. Trata-se, sem meias palavras, de um marco historiográfico, bastante representativo da força da historiografia nacional sobre a Antigüidade Clássica e, ao mesmo tempo, uma notável contribuição para os estudos sobre o Império Romano em termos internacionais.

Norberto Luiz Guarinello
Depto. de História – FFLCH-USP

Apresentação

Aos que se aproximam da Antigüidade Clássica, hoje, indaga-se, quase que inevitavelmente: as interrogações de nosso tempo podem encontrar resposta no passado? A resposta a esta pergunta, muito provavelmente, seria afirmativa se estivéssemos convictos de que a recepção de nossa tradição e, em especial, a apropriação da herança do classicismo greco-romano, implica algo mais do que mero conhecimento erudito de uma história passada. Ao longo dos séculos, essa tradição passou a fazer parte, como elemento constituinte, da própria consciência do nosso agora, e se isso é possível, é justamente porque todo aquele conhecimento, antes de apenas "resistir ao tempo, encontrou vida no tempo"[1].

Quando se fala nessa "sobrevivência", entretanto, é importante ressaltar que a mesma somente se deu graças ao olhar que cada época lançou sobre seu legado e, sobretudo, devido às informações dele depreendidas. Malgrado os muitos sécu-

---

1. Claude Lefort, "O Sentido Histórico. Stendhal e Nietzsche", 1994, p. 123.

los que nos distanciam desse passado e das inúmeras interpretações que se tem dele, é necessário voltar ao mesmo, de forma que, por meio dele, possamos vislumbrar soluções para as demandas atuais, peculiares à nossa sociedade. Assim, torna-se imprescindível que o caminho da historiografia seja refeito e que determinados conceitos, cristalizados após longo tempo de estudos, sejam novamente repensados e analisados segundo as questões hoje colocadas. Sob esse ponto de vista, o debate estabelecido nas últimas décadas tem contribuído muito para uma reformulação dos estudos sobre o mundo clássico, bem como proporcionado sobremaneira que novos objetos e linhas de pesquisa sejam introduzidos em meio aos temas tradicionais.

O propósito deste livro, seguindo essa tendência, é analisar a obra denominada *De Clementia* (*Tratado sobre a Clemência*) – escrita pelo filósofo estóico Sêneca em meados do século I d.C. –, no sentido de apreender a teoria de poder que nela se apresenta assim como a viabilidade de sua aplicação em um Império nos moldes do romano. Trata-se de uma obra que inspirou muitas conjecturas, seja por ter sido endereçada a um dos Imperadores mais controversos do mundo greco-romano, Nero, seja pelo texto propriamente dito, que nos foi parcialmente legado. Com o intuito de melhor compreender a natureza do poder teorizado na obra, foram analisados, primeiramente, os fundamentos do Principado romano, de forma a contextualizar a composição do tratado no período neroniano. Depois, realizou-se um balanço historiográfico acerca de sua produção, que considerou as principais questões levantadas desde o início de seu estudo sistemático. Procurou-se levar em consideração, ademais, a tradição filosófica em que o *De Clementia* se insere, assim como as várias perspectivas de análise

APRESENTAÇÃO

possibilitadas pelo texto, as diferentes acepções atribuídas ao termo *clementia* na obra e os mecanismos pelos quais ela, como instrumento de poder, pode ser utilizada nas relações estabelecidas entre o príncipe e seus súditos. Finalmente, procedeuse a um exame da estrutura do tratado, trazendo à luz a argumentação e os exemplos utilizados por Sêneca para compô-lo.

Lúcio Aneu Sêneca nasceu em Córdoba, na então província da Bética, Espanha, em data ainda em discussão. Pierre Grimal, um de seus maiores estudiosos, toma o ano 1 a.c. como o mais provável, embora haja conjecturas sobre os anos 4 a.C., 2 a.C. e 2 d.C.[2]. Essa imprecisão com relação à data de seu nascimento, à primeira vista sem maiores conseqüências, acabará, entretanto, prejudicando o estabelecimento da cronologia de suas obras, bem como levando a uma indefinição dos temas e objetivos de determinados textos.

O conhecimento que se tem de sua vida, família, escritos e carreira pode ser observado a partir dos testemunhos de escritores de sua época, assim como de suas próprias obras. Entre os historiadores antigos, Tácito, Suetônio e Dião Cássio são os que fornecem a maioria desses dados, chegando inclusive a emitir juízos de valor acerca de determinadas atitudes de Sêneca, não raras vezes contraditórias. São eles, enfim, que servem de base para as informações prestadas por outros escritores, posteriores a eles[3]. Dentre suas próprias obras, o *Ad Lucilium Epistulae Morales* (*Epístulas Morais a Lucílio*) são as que proporcionam maior número de detalhes em relação a seu pensamento, filosofia e cotidiano[4].

---

2. Pierre Grimal, *Sénèque ou la conscience de l'Empire*, 1991, p. 57.

3. *Idem*, p. 43.

4. O objetivo aqui não é propor mais uma biografia de Sêneca, mas apenas fornecer

Ainda criança, juntamente com seus irmãos Novato e Mela, foi levado para Roma por seu pai Sêneca, o Retórico, e por sua tia. Lá, foi iniciado por Sotião nos estudos da retórica e da filosofia, interessando-se muito cedo pelas questões naturais[5]. Sua precária saúde, no entanto, levou-o a uma estadia no Egito que durou até aproximadamente 31, quando retornou a Roma. Durante sua permanência em solo egípcio, Sêneca entrou em contato com o filósofo estóico Queremão – cujo ideal era encontrar analogias entre a religião egípcia e a doutrina do estóico Crisipo –, além de estabelecer ligações com Filão de Alexandria.

De volta a Roma, Sêneca iniciou seu *cursus honorum* um pouco mais tarde do que o prescrito pela regra romana, tendo se tornado questor por volta de 34 ou 35, quando suas qualidades de orador começaram a despontar. Posteriormente (38 ou 39), alcança outra magistratura, provavelmente o tribunado da plebe. Sob Calígula quase foi sentenciado à morte e, em 41, foi condenado ao exílio na Córsega por Cláudio em função das intrigas de sua esposa Messalina. É somente em 49, quando Agripina – mãe do futuro Imperador Nero – torna-se esposa de Cláudio, que Sêneca se transfere novamente para Roma, desta vez como preceptor do jovem príncipe e pretor designado.

Com a morte de Cláudio em 13 de outubro de 54, Sêneca, além da responsabilidade de formação que tinha para com o novo governante, desempenha, concomitantemente, funções na organização do Estado como senador e, durante algum tempo, como cônsul designado. Paulatinamente, vai deixando

---

alguns dados que possam facilitar o contato do leitor com este livro. Em vista disso, adotou-se a cronologia estabelecida por P. Grimal em sua obra já citada.

5. Participaram ainda de sua formação Átalo e Papírio Fabiano, estóicos ecléticos.

APRESENTAÇÃO

de ser o preceptor para assumir o cargo não oficial de *amicus principis*, papel que exercerá até se retirar do governo, em 62 d.C. Implicado na conjuração de Caio Calpúrnio Pisão em 65, Sêneca é "convidado" ao suicídio, vindo a falecer aos dezenove dias do mês de abril.

Em relação à sua obra, durante sua juventude (por volta do ano 30), Sêneca dedicou-se aos tratados científicos, inspirados em seus mestres[6]. Depois, até os primeiros meses em que exerceu a questura (sob Calígula), voltou-se para as atividades da oratória, na qual se percebem as primeiras preocupações concernentes à filosofia estóica, surgindo, assim, em 41, a obra intitulada *De Ira* (*Tratado sobre a Ira*). Já no exílio, Sêneca dedica-se à composição de *Ad Marciam de Consolatione* (*Consolação a Márcia*), *Ad Helviam de Consolatione* (*Consolação a Hélvia*), *Ad Polybium de Consolatione* (*Consolação a Políbio*) e das *Tragoediae*[7] (*Tragédias*). Retornando a Roma, compõe o *De Breuitate Vitae* (*Tratado sobre a Brevidade da Vida*), em 49, tratado consagrado a um problema moral no qual se observam tanto princípios estóicos como epicuristas. A partir de então, voltou-se para a elaboração, entre outros, de: *De Tranquillitate Animi* (*Tratado sobre a Tranqüilidade da Alma*, que trata da necessidade de servir aos homens – uma das posições fundamentais do estoicismo clássico, em 53 ou 54); *Ludus de Morte Claudii* (ou *Apokolocyntosis*, em grego, isto é, "transformação

6. Pierre Grimal, *op. cit.*, pp. 262-322. Embora essas obras não tenham sido preservadas, são mencionadas por Sêneca em outros de seus escritos.

7. As *Tragédias* de Sêneca poderiam ser consideradas na seguinte ordem de composição: *Hércules Furioso, As Troianas, As Fenícias, Medéia, Fedra, Édipo, Agamenão, Tiestes* e *Hércules no Eta*. Além destas, são atribuídos também a Sêneca o drama *Otávia* e uma série de Epigramas (Séneca, *Tragedias*, versão de Germán Viveros, 1998, p. XLII).

do divino Cláudio em abóbora"; sátira menipéia sobre o governo e a morte de Cláudio, no final de 54); *De Constantia Sapientis* (*Tratado sobre a Constância do Sábio*, provavelmente em 55); *De Beneficiis* (*Tratado sobre os Benefícios*, entre 50 e 60); *De Otio* (*Tratado sobre o Ócio*), *Naturales Quaestiones* (*Questões Naturais*) e *Ad Lucilium Epistulae Morales* (*Epístulas Morais a Lucílio*) todas ao longo de 62; *De Superstitione* (*Tratado sobre a Superstição*) e *De Prouidentia* (*Tratado sobre a Providência Divina*), em 63. Nessas obras, Sêneca procura integrar (sobretudo nas últimas) suas preocupações científicas a uma visão de mundo centrada em torno da consciência e da pessoa moral do homem; numerosas e densas, formam uma espécie de *corpus* filosófico coerente que possibilita a verificação dos pressupostos fundamentais de seu pensamento.

Sêneca deixou, portanto, um grande acervo de obras dedicado sobretudo ao estudo da moral e das questões da natureza. Ao longo da História, vem sendo lembrado seja por seus tratados filosóficos, seja pelas inúmeras contribuições deixadas nos campos do teatro e da prática epistular. Seu comportamento, muitas vezes tomado como leviano e mundano, contrário, portanto, aos preceitos difundidos em sua produção literária, foi, por isso, muitas vezes contestado[8]. Nosso interesse, porém, volta-se para o significado de sua obra e do contexto em que foi produzida, uma vez que é representativa de toda uma tradição filosófica que se difundiu em Roma a partir da Grécia desde o segundo século a.C.

* * *

---

8. Entre os autores que apontam uma discrepância entre a vida e a filosofia de Sêneca encontram-se Quintiliano, *Instituições Oratórias*, 10.1.125-31 e Dião Cássio, *História Romana*, LIX, 17, 7.

APRESENTAÇÃO

Este livro, originalmente apresentado como Dissertação de Mestrado na área de História Econômica da Faculdade de Filosofia, Letras e Ciências Humanas da Universidade de São Paulo, em 2001, muito deve aos que me apoiaram e estimularam durante a sua realização. Sou grata especialmente ao professor Norberto Luiz Guarinello que, desde o início de sua orientação, acompanhou com vivo interesse minha pesquisa, oferecendo diretrizes teóricas e críticas valiosas.

Às professoras Maria Luiza Corassin (História-USP) e Ingeborg Braren (DLCV-USP) agradeço as inúmeras sugestões e bibliografia no sentido de melhorar o trabalho. Pelas referências bibliográficas agradeço também aos professores Jean-Michel Croisille (Université Blaise Pascal de Clermont-Ferrand) e Ermanno Malaspina (Liceo Classico Alfieri, Torino), que se dispuseram a enviar importante material de pesquisa.

Aos colegas do Departamento de História-USP e da Editora da Universidade de São Paulo agradeço o companheirismo e incentivo, e aos do "Círculo da Antigüidade", os comentários, as indicações e os trabalhos conjuntos, que muito enriqueceram esta pesquisa. Dentre estes, Fábio Duarte Joly e Maria Aparecida de Oliveira Silva foram interlocutores constantes, aos quais devo ainda a sincera amizade. Não poderia deixar de mencionar também o precioso apoio fornecido pela Fundação de Amparo à Pesquisa do Estado de São Paulo, que proporcionou os recursos necessários seja para a realização da pesquisa que resultou neste trabalho, seja para sua publicação propriamente dita.

Finalmente, devo especiais agradecimentos à minha amiga das mais diversas horas, Kátia, e ao meu querido Marcelo, pelo sempre eterno amor. À minha pequena Helena dedico este livro, pois sem ela nada disso teria sentido.

Introdução

A produção historiográfica sobre o Império Romano, mais especificamente sobre sua estrutura de poder, é marcada por duas correntes de pensamento que se opõem. Uma defende a inexistência do espaço político durante o Principado[1]; a outra, partindo de uma crítica à idéia de diarquia identificada por Mommsen[2], acredita que o espaço político existiria, estando restrito apenas às relações entre o príncipe e o Senado[3].

De acordo com a primeira corrente, na qual se sobressai Finley, não poderia haver política sob o Principado porque,

---

1. Consultar, a esse respeito, M. Finley, *A Política no Mundo Antigo*, 1985; A. Wallace-Hadrill, "Patronage in Roman Society: From Republic to Empire", em A. Wallace-Hadrill (ed.), *Patronage in Ancient Society*, 1990 e R. P. Saller, *Personal Patronage under the Early Empire*, 1982, entre outros.

2. T. Mommsen, *Historia de Roma*, pp. 1021-1023. Para ele, "ao contrário do que foi mais tarde o governo de Augusto, para César o Senado não deveria ser outra coisa senão um conselho supremo do Império, que serviria para a preparação das leis imperiais e para a promulgação das mais importantes ordens sobre assuntos de administração".

3. Como em P. Petit, *Histoire générale de l'Empire Romain. Le Haut-Empire*, 1974.

embora houvesse discussão acerca de "uma gama específica de questões, [...] o poder final e efetivamente irrestrito de decisão em matéria de ação governamental repousava num só homem, não nos votantes (nem mesmo nas centenas que compunham o Senado)"[4]. Isso ocorre porque sua concepção do que venha a ser política está ligada à existência de múltiplos agentes sociais dentro de um Estado, os quais devem interagir e tomar decisões sobre suas demandas por meio de "discussão, debate e, finalmente, votação". Além disso, o patronato republicano, caracterizado pela sua multiplicidade e concorrência, cedeu espaço apenas aos benefícios concedidos pelo príncipe, a quem se atribui a gerência dos recursos públicos e o arbítrio sobre todas as coisas.

Contrariamente a essa tendência, a segunda linha de pensamento à qual já se referiu atesta a existência de práticas políticas no âmbito do Principado, mas apenas entre o príncipe e o Senado. Os defensores dessa tendência partem, para tanto, de uma crítica às idéias de Mommsen, para quem o poder seria distribuído eqüitativamente. O que se dava, no entanto, era um jogo de "aparências e susceptibilidades"[5] entre o príncipe e o Senado, em que o primeiro procurava evitar a exposição ao segundo do caráter autoritário do regime. Nessa tentativa de chegar a uma "harmonia" com o Senado, o bom príncipe passa então a ser caracterizado como aquele que informa suas decisões, confia a discussão dos *senatus consulta* à assembléia e respeita suas opiniões, de forma a obter o seu apoio e a sua aprovação.

---

4. M. Finley, *op. cit.*, p. 68.
5. P. Petit, *A Paz Romana*, 1989, p. 120.

INTRODUÇÃO

Para Guarinello e Joly[6], todavia, os dois modelos propostos tendem a ser muito simplistas, pois não levam em consideração a existência de diferentes grupos sociais, com distintos graus de influência política e instrumentos de manifestação próprios. Segundo esses autores, que realizam uma análise sobre a ética política sob o governo de Nero, "as fontes disponíveis deixam entrever um jogo político muito mais complexo, do qual participavam, com diferente intensidade, grupos diversos, cada qual com seus próprios objetivos e meios, sua própria definição de fins desejáveis e suas éticas políticas mais ou menos sistematizadas". Recorrem, nessa análise, às obras de Tácito, Petrônio e Sêneca, distinguindo os diversos grupos sociais do período e centrando sua discussão nas éticas políticas da plebe urbana e da elite senatorial. Finalmente, remetem-se a Sêneca e à ética imperial contida no *De Clementia*, "única reflexão sobre o poder à época de Nero que sobreviveu até nós". Embora Guarinello e Joly não se distingam como mais uma corrente historiográfica, seu estudo, particularmente no artigo citado, permite uma reflexão acerca do *De Clementia* sob outra perspectiva, não mais como uma proposta restrita ao Principado de Nero, mas como um modelo de governo mais abrangente, passível de apreensão em diferentes contextos históricos.

Nesse sentido, o *De Clementia*, no Principado romano, inscreve-se como uma concepção original de poder e de governo. E é desse ponto de vista que se procurará analisar o tratado neste livro: não apenas como um programa político que teria sido aplicado a um determinado período da história (o

---

6. N. L. Guarinello e F. D. Joly, "Ética e Ambigüidade no Principado de Nero", em H. Benoit e P. P. A. Funari, *Ética e Política no Mundo Antigo*, 2001.

Principado de Nero), mas como uma teoria geral do Estado, a ser apreendida por governantes de diferentes épocas. Por isso, embora faça parte e expresse um grande número de conceitos filosóficos provenientes da tradição filosófica grega, especialmente do estoicismo, o fato de este tratado ter sido produzido no contexto neroniano, do qual não pode ser dissociado, garante-lhe uma abordagem única, pois prescreve um regime monárquico – à época repudiado pelos romanos – fundamentado nas virtudes do governante e nas ações decorrentes da prática das mesmas.

Para se realizar uma investigação desse tipo, qual seja, uma análise sobre uma concepção de poder inscrita em um determinado período, devem ser considerados inúmeros aspectos, a saber: a natureza desse poder, sobre que bases se fundamenta, quem o exerce, sobre quem é exercido, em que circunstâncias deve ser praticado e os meios pelos quais pode ser efetivado. A compreensão desse conjunto de fatores é que permite uma visão mais precisa do alcance deste poder e das relações que ele engendra. Ao longo deste trabalho, procurar-se-á observar todas essas questões no *De Clementia* de Sêneca, de forma a delimitar a teoria de poder que encerra.

Assim, no primeiro capítulo, fez-se um estudo da instituição do Principado por Augusto e das bases em que este fundava seu poder. Isto é importante porque Augusto servirá, durante todo o período imperial, como o modelo por excelência para todos os Imperadores romanos, modelo este ao qual Sêneca recorrerá inúmeras vezes ao longo do *De Clementia*. Depois desta análise, passou-se a uma leitura da proposta senequiana da *clementia* em relação ao contexto em que foi produzida, ou seja, o governo do Imperador Nero, durante o qual, supostamente, teria sido implementada.

INTRODUÇÃO

No segundo capítulo, realizou-se um balanço historiográfico acerca da produção sobre o *De Clementia*, analisando as principais questões suscitadas desde o início de seu estudo sistemático. Procurou-se trabalhar os aspectos que dizem respeito à sua natureza, data de composição, estado dos manuscritos, bem como de seu gênero literário. Daí, foram analisadas as bases filosóficas do *De Clementia* a fim de verificar de que maneira as teorias das escolas filosóficas gregas foram apreendidas pelos romanos ao longo dos séculos.

Este segundo capítulo dedica-se ainda ao estudo das diferentes perspectivas de análise possibilitadas pelo *De Clementia*. Foram abordados, para tanto, a pertinência do estudo da(s) acepção(ões) da *clementia* contida(s) na obra e os mecanismos pelos quais ela poderia ser utilizada. Partindo, entretanto, da observação segundo a qual a *clementia*, no tratado de Sêneca, não é apenas um conceito a ser analisado, mas um elemento dotado de função determinada, pois cria – a partir dos mecanismos enfocados – relações específicas entre os membros do corpo social, procurou-se identificar quais seriam esses sujeitos e qual a natureza de suas relações.

No terceiro capítulo, finalmente, buscou-se aprofundar a análise do tratado para melhor compreender a natureza do poder teorizado por Sêneca. Nesse sentido, a atenção voltou-se para a estrutura do *De Clementia*. Foram destacados o plano lógico-argumentativo e os exemplos utilizados para compor a obra; foram consideradas as oposições de idéias e as ordenações temáticas que a permeiam, bem como as contradições, lapsos e omissões, que apenas uma leitura mais acurada da fonte pode evidenciar.

Ao final, acrescentou-se também um Glossário, em que são apresentados, de maneira bastante sucinta, informações mais detalhadas a respeito dos exemplos e personagens dos quais Sêneca se utiliza para compor o tratado sobre a clemência. Este recurso fez-se necessário, principalmente, para esclarecer os leitores em relação aos nomes e episódios menos conhecidos.

Este trabalho, portanto, procurará demonstrar que o *De Clementia*, embora incompleto e permeado de contradições tanto em nível textual como teórico, configura-se como uma nova teoria de poder, a ser implementada não só durante o governo de Nero, em que é elaborada, mas também em todos os governos dos Imperadores posteriores.

I

O *De Clementia* e sua Teoria de Poder

O propósito deste capítulo é discutir de que modo, no âmbito do Principado, o *De Clementia* surge como uma teoria política de governo ideal. Para tanto, remontou-se ao estabelecimento do Principado por Augusto e às mudanças e apropriações decorrentes da transição (República para Principado) então operada. A partir daí, foram destacadas as implicações da questão sucessória e as bases constitucionais em que Augusto se apoiou para a manutenção de seu poder. Voltando-se para a época de Nero, buscou-se demonstrar como a proposta senequiana da *clementia* significou uma nova concepção do poder imperial, e não apenas uma retomada dos preceitos augusteanos. Além disso, foram analisadas as fontes textuais que retratam esse período, bem como as emissões monetárias realizadas pelos júlios-cláudios, de modo a reunir elementos que pudessem evidenciar se a orientação política de Sêneca proposta no *De Clementia* teria sido implementada ou não e qual o grau de originalidade dessa teoria de poder no contexto em que surgiu.

Augusto e a Instituição do *Principatus*

O Império representa, indubitavelmente, uma nova estrutura política e uma nova instituição, que transformará tanto o antigo modo de vida como o sistema político republicano. Denominado *Principatus*, esse novo sistema, sucessor da ditadura dos triunviratos e resultado de uma decadência gradual das instituições políticas tradicionais, encontra em Augusto a possibilidade de seu desenvolvimento, ao mesmo tempo em que procura apoio na força do exército e em bases constitucionais sólidas. Augusto, investido de poderes extraordinários, continua a gerir a "coisa pública" (*res publica*) sob uma fachada institucional ambígua e complexa, sempre afirmando, porém, que estava "restaurando uma ordem mais antiga"[1]. Assim, nesse período, embora as instituições sofram mudanças significativas, conservam, segundo Tácito, os mesmos nomes (*Anais* I, 3), pois procuram expressar o compromisso entre as instituições republicanas e as novas circunstâncias, adaptadas segundo a vontade de Augusto na conservação do poder.

No livro I dos *Anais*, Tácito apresenta a consolidação do poder de Augusto como uma decorrência da concentração de privilégios institucionais operada por ele em detrimento do Senado e dos demais magistrados (*Anais* I, 2). O estabelecimento do Principado, assim, seria o resultado de um progressivo monopólio de funções institucionais por Augusto – que teria tomado para si os encargos dos cônsules, do tribuno da plebe, do Senado e dos demais magistrados –, e de uma concomitante concessão de benefícios a determinados grupos sociais, como o exército, a plebe e outros nobres, que não haviam

---

1. J.-P. Néraudeau, *Auguste*, 1996, pp. 33 e 35.

O *DE CLEMENTIA* E SUA TEORIA DE PODER

sido proscritos ou mortos durante a guerra civil. A estratégia desse último grupo é caracterizada por Tácito pela aceitação da perda de parte das funções administrativas do Estado em troca de honrarias, larguezas e a interrupção das guerras civis. Uma dessas funções consistia na administração das províncias romanas, as quais não teriam se oposto à instauração do Principado porque repudiavam a conduta dos magistrados e poderosos romanos e não tinham aparato legal, pois a seus olhos as leis eram subvertidas pela violência e conflito. Nesse sentido, se por um lado Tácito concebe a existência do monopólio de determinadas funções pelo Imperador, por outro afirma que essa situação extinguia as rivalidades pessoais entre os magistrados, fator que, outrora, impedia o bom governo do Império constituído.

Assim, o início do Principado, ideologicamente falando, aparece quase como uma salvaguarda da *res publica* e de suas instituições que, incapazes de se adaptarem à nova situação política – nascida da conquista romana e da constituição de um vasto Império –, não conseguem se elevar a um nível equivalente. O príncipe, então, passa a reunir em sua pessoa tanto as funções políticas do Estado como a legitimidade das leis, "tornando-se a encarnação do antigo poder dividido da República"[2].

Apesar de os atos de Augusto contarem, no entanto, com um relativo apoio do Senado, havia ainda duas grandes preocupações: a da legalização do poder e a de sua permanência[3]. Para que fossem sanadas, além da concentração de inúmeros poderes (*tribunicia potestas, imperium* proconsular, *pontifica-*

---

2. M. Pena, *Le stoïcisme et l'empire romain. Historicité et permanences,* 1990, p. 72.
3. P. Grimal, *La littérature latine,* 1984, p. 110.

tus maximus), Augusto adotou também vários títulos honoríficos (*pater patriae, diuus*), prenomes (*Caesar, Augustus*) e funções especiais (*princeps senatus*). Todas essas atribuições, porém, de acordo com L. Lesuisse[4], buscavam ainda sua verdadeira expressão e refletiam sobretudo as hesitações do novo regime, que aos poucos se estabilizava.

Com relação aos títulos de *pater patriae*, "pai da pátria", e de *diuus*, "divino", observa-se que o primeiro foi atribuído a Cícero, após ter debelado a conspiração de Catilina, depois a César, em função de seu triunfo na Espanha, a Augusto e a quase todos os Imperadores, passando a constar inclusive em seu título oficial, antes da menção do consulado. Nesse sentido, sua atribuição primeira tinha um sentido de reconhecimento por um ato em defesa do Estado romano, automaticamente incorporado (embora o título sempre lhes fosse outorgado) pelos Imperadores posteriores. No caso do título de *diuus*, sua aprovação dependia de um colégio religioso; em caso afirmativo, era conferido por apoteose pelo Senado estando o Imperador ainda em vida ou já morto, o que o tornava, em ambas as situações, objeto de honrarias especiais[5].

Quanto ao nome de *Caesar*, inicialmente constituía um mero sobrenome de família, um *cognomen* privado da *gens* Júlia que se transmitia por parentesco ou adoção, até Calígula. O fato de a *gens* Júlia, nesse período, estar ligada ao poder, acabou transformando o *cognomen* em um símbolo do poder imperial. O título de *Caesar* passará a ser o sinal distintivo e natural do sucessor imperial, já que o único meio de adquiri-lo era ser filho legítimo ou adotivo do Imperador. Com o de-

---

4. L. Lesuisse, "La nomination de l'empereur et le titre d'*Imperator*", 1961*b*, p. 415.
5. L. Homo, *Les institutions politiques romaines*, 1970, p. 251.

O *DE CLEMENTIA* E SUA TEORIA DE PODER

correr do tempo, o título sofrerá mudanças, adquirindo valor jurídico em Galba, político em Domiciano, passando, finalmente, com Adriano, a exprimir a marca oficial da dignidade do príncipe, bem como sua designação ao Império.

Já o título de *Augustus*, conferido a Octaviano pelo Senado ainda em 27 a.c., era um sobrenome de natureza religiosa que elevava o Imperador acima da humanidade e lhe conferia um caráter sagrado[6]. Para E. Cizek[7], ele tinha conotações políticas e religiosas; por meio dele, Augusto era "venerável", "divino", investido pelos deuses e pelo Senado, mas, igualmente, também aquele que reforçava os poderes dos outros órgãos do Estado, graças à sua *autorictas*. Por isso, era o título que expressava mais adequadamente a superioridade moral e política do *princeps*, em contraposição ao seu poder militar supremo, definido pelo prenome de *imperator*. Esses dois títulos, uma vez adotados, tornaram-se os sinais distintivos do *princeps* imperial por oposição ao republicano, não obstante a tentativa de restabelecimento dos organismos da República já mencionados anteriormente[8].

Sob toda essa "forma", no entanto, havia um conteúdo muito mais amplo. O poder imperial, tal qual Augusto organizou, sob o modelo do Principado, por etapas constitucionais sucessivas, e legado a seus sucessores, repousava, como já se esclareceu, sobre três elementos essenciais e permanentes: o poder tribunício, o *imperium* proconsular e o soberano pontificado. O primeiro deles fazia do Imperador o herdeiro dos

---

6. *Idem*, p. 250.

7. E. Cizek, *Mentalités et institutions politiques romaines*, 1990, p. 270.

8. L. Lesuisse, "Le titre de *Caesar* et son évolution au cours de l'histoire de l'empire", 1961c, p. 271.

antigos tribunos, conferindo-lhe, simultaneamente, as prerrogativas materiais e morais tradicionalmente atribuídas à função. Durante a República, estava limitado no tempo (anual), no espaço (circunscrito à cidade de Roma) e pela existência de um colégio (composto por dez tribunos com o direito de interceder nas decisões uns dos outros). A Augusto, todavia, a *tribunicia potestas* foi conferida (em 23 a.C.) de modo vitalício, sobre todo o Império Romano e de maneira que suas decisões não pudessem ser contestadas pela *intercessio* dos demais tribunos. Em virtude desse poder, Augusto podia convocar os comícios e o Senado e propor leis; além disso, assumia também o *ius auxilii*, ou seja, o direito de proteger os cidadãos, podendo mesmo não fazê-lo[9]. Segundo Tácito, o poder tribunício era a atribuição da qual Augusto havia se investido "para não tomar o título de rei ou ditador e com ele concentrar seus poderes" (*Anais* III, 56).

A outra base de seu poder, talvez a mais importante delas naquele primeiro momento, era o *imperium* proconsular. Assim como a *tribunicia potestas*, essa magistratura também tinha seus fundamentos no antigo regime republicano, e, da mesma forma, possuía uma característica mais forte e menos limitada. Durante a República, o *imperium* representava a essência do poder dos magistrados e dos promagistrados: a partir dele procedia-se à administração civil do território, ao comando das tropas e ao exercício da justiça. Tinha, portanto, uma atribuição civil, militar e judiciária. No último século da República, porém, Sula restringiu essas funções dos magistrados reduzindo-as apenas ao aspecto civil, ao mesmo tempo em que as limitou ao território italiano. Somente os promagis-

9. E. Cizek, *op. cit.*, p. 272.

O *DE CLEMENTIA* E SUA TEORIA DE PODER

trados continuaram no exercício pleno de suas funções. Com Augusto, a situação é outra. Seu *imperium* não possui restrições temporais nem espaciais: ele é completo e universal. Assim, ele administra todo o território romano, as finanças, a distribuição de alimentos, os trabalhos públicos e os cargos; comanda as forças militares terrestres e marítimas; julga todas as causas que extrapolam a competência dos magistrados municipais e, acima de tudo, possui o direito de vida e de morte sobre todos os habitantes do Império[10]. Logo, de acordo com Lessuisse, Augusto, ao se autodenominar *imperator*, dá a esse título um novo significado, visto que, ao utilizá-lo como *praenomen*, procura uma afirmação oficial de seu valor militar, reconhecido em todo o Império Romano[11].

Finalmente, o terceiro elemento do poder do *princeps* repousava sobre o cargo de *pontifex maximus*, assumido por Augusto apenas em 12 a.C. devido à longevidade do triúnviro Lépido, que detinha então o título. Ao portador desse título atribuía-se a capacidade de manutenção da *pax deorum*, assim como a direção da religião romana. Por meio dele, unia-se a força do poder temporal e do poder espiritual, ou seja, o poder do trono e do altar. O soberano pontificado definia ainda atribuições bastante precisas ligadas à autoridade moral e prestígio seculares de sua função. Era dever do pontífice máximo interferir no recrutamento dos sacerdotes e das vestais, atuar como tutor e juiz dos que havia nomeado, administrar as regras relativas à interpretação do direito religioso, bem como gerir o tesouro pontifical. Ademais, cabia-lhe ainda a determinação do calendário, a consagração dos edifícios públicos e

10. L. Homo, *op. cit.*, pp. 251-255.
11. *Idem*, pp. 417-418.

privados e a manutenção dos cultos das divindades, atividades comuns a todos os membros do colégio dos pontífices.

Esses três elementos, então, ao compor a base da autoridade augusteana, conferiam ao Imperador, de um lado, as atribuições políticas e militares, e, de outro, a autoridade moral e religiosa. Por meio dos dois primeiros, Augusto incorpora de maneira permanente a aliança da "democracia" – expressa pelas antigas instituições republicanas – e do poder militar, origem primeira do Principado; pelo terceiro, renova a união, também de forte presença republicana, do poder temporal e espiritual[12].

A essas bases elementares do poder imperial acrescente-se ainda o título de *princeps*, pelo qual Augusto passa a ser reconhecido como o primeiro dos cidadãos. Segundo L. Wickert[13], a condição necessária para que alguém fosse designado *princeps* era a de se destacar no desempenho de suas funções, tendo, ao mesmo tempo, o reconhecimento da opinião pública. Entre suas obrigações e características aparecem as *uirtutes*, pelas quais deveria necessariamente se distinguir: a primeira, *uirtus*, abrange o conjunto das qualidades que formam o homem, o *uir*, e, em particular, a coragem posta a serviço de um princípio moral. Para Augusto, essa *uirtus* era essencialmente a coragem militar, fundamento de sua vitória e de seu poder, ambos promotores da paz estabelecida. O estabelecimento da paz, por sua vez, sugere outras virtudes, como a *clementia* e a *iustitia*, necessárias para um bom governo sobre seus cidadãos. E, finalmente, o bom governo pune e recompensa de maneira

---

12. *Idem*, pp. 257-258.
13. L. Wickert, "Princeps (ciuitatis)", 1954 *apud* I. Braren, *Da Clemência de Sêneca*, 1985, p. 89.

objetiva, indicando assim um grande respeito pelo outro e pelas leis divinas – o que é próprio da *pietas*[14].

O conceito de *princeps*, ademais, estava ligado às idéias republicanas, e é justamente por isso que Augusto deixa-se nomear por ele: seu ideal de soberano, com isso, encaixa-se numa seqüência lógica daquela ideologia, dando-lhe continuidade[15]. Reconhecido como tal, poderia então desempenhar adequadamente as funções políticas e militares que a *tribunicia potestas* e o *imperium* proconsular lhe conferiam. Augusto, além disso, preferia ser chamado de *princeps* a *imperator*, pois assim enfatiza também o caráter civil e não apenas o militar de sua autoridade[16].

Todos esses poderes e títulos atribuídos a Augusto, finalmente, foram adquiridos pelo mesmo de forma gradual, e por uma série de atos constitucionais sucessivos, o que lhes garantia plena legitimidade. Com o advento de seus sucessores, essas atribuições são paulatinamente renovadas, seja ainda em vida do Imperador (no caso de Tibério, que já detinha o poder tribunício e o *imperium* proconsular quando Augusto ainda regia o Principado), seja depois da morte deste (caso de Calígula, que herdou os poderes imperiais pelo testamento de Tibério). Essa "transferência de poderes", entretanto, não estava livre do acaso, podendo o sucessor indicado ser aceito ou não.

Essa questão coloca, enfim, um dos principais problemas do regime instaurado por Augusto, qual seja, o da sucessão. Quais critérios deveriam ser adotados para a escolha dos que

---

14. J.-P. Néraudeau, *op. cit.*, pp. 165-166.
15. I. Braren, *op. cit.*, 1985, p. 52.
16. A. Michel, *La philosophie politique à Rome d'Auguste à Marc Aurèle*, 1969, p. 27.

IMAGENS DO PODER EM SÊNECA

viessem depois de seu fundador? Tratava-se de uma questão moral ou hereditária? Se se observar os futuros sucessores de Augusto, pode-se constatar que, até Cômodo, nove deles chegaram regularmente ao poder (Tibério, Calígula, Nero, Tito, Domiciano, Trajano, Antonino, Marco Aurélio e Cômodo), três dos quais eram os próprios filhos de um Imperador (Tito, Domiciano, Cômodo) e cinco haviam sido oficialmente adotados (Tibério, Nero, Trajano, Antonino e Marco Aurélio), sendo o nono, Calígula, colocado por Tibério no mesmo plano que seu neto Tibério Gemelo. A herança natural era, pois, o ponto comum que explicava a ascensão de mais da metade dos Imperadores desse período. Apenas Galba, Otão, Vitélio, Vespasiano e Nerva chegaram ao poder em conseqüência de crises[17].

Não se tratava, no entanto, de uma monarquia hereditária, mesmo porque isso aproximaria o Principado da realeza e os romanos não desejariam uma associação nesse sentido, mas de uma monarquia eletiva, embora a indicação do Imperador também não tivesse força constitucional alguma. Assim, os Imperadores, desde Augusto, esforçaram-se por acumular sobre seus "candidatos" títulos, honrarias e privilégios, como o título de *imperator*, o nome de *Caesar*, o *imperium* proconsular, o poder tribunício, enfatizando, dessa forma, sua escolha. Mas essa "sucessão dinástica" não era, por si só, suficiente. Era importante dar ao Império o mais digno, ou seja, o *uir optimus*. "É a virtude, unicamente, que faz o príncipe"[18]; é a partir dela que se faz necessário regrar-se, pois ela é, mais do que tudo, o fundamento da transmissão imperial.

17. P. Petit, *op. cit.*, 1989, p. 121.
18. A. Michel, *op. cit.*, p. 27.

O *DE CLEMENTIA* E SUA TEORIA DE PODER

A condição da transmissão dos poderes estava, portanto, baseada na própria função do príncipe, qual seja, a de manter o equilíbrio, a unidade do corpo imenso do Império. Tudo deveria ser feito de modo que essa unidade fosse preservada, e a conciliação entre as diferentes forças que podem dividir o Império, assegurada, sobretudo entre o exército e o Senado.

Nesse sentido, Augusto, o primeiro a assumir os encargos do Principado, procurou de todas as formas assegurar a sucessão de seu governo a um membro de sua família[19]. Desde 27 a.C., no momento em que estabelecia o Império sobre suas novas bases, ele exprimia o desejo de deixar um sucessor que desse continuidade ao seu governo:

> Possa eu manter a República sã e salva na sua base e recolher-lhe os frutos que desejo: o de passar por fundador do melhor governo e de levar comigo, ao morrer, a esperança de que os fundamentos do Estado, lançados por mim, restarão solidamente assentados (Suetônio. *A Vida dos Doze Césares*. Vida de Augusto XXVIII. Trad. de Sady-Garibaldi).

Como não possuísse filhos, procurou adotar seus parentes mais próximos com o intuito de que um deles pudesse substituí-lo posteriormente. Assim, sucessivamente, Augusto adotou Agripa, Druso, Lúcio e Caio, mas não foi feliz em nenhuma de suas escolhas, pois todos morreram precocemente. Foi pressionado então, por Lívia, sua esposa, a adotar um dos filhos de seu primeiro casamento, Tibério[20], que, por sua vez, comprometeu-se a adotar o filho de seu irmão Druso, Germânico, já que Augusto via nele também um possível sucessor de Tibério.

---

19. L. Lessuisse, "L'aspect héréditaire de la succession impériale sous les Julio-Claudiens", 1961a, p. 39.

20. M. Corbier, "Poder e Parentesco. A Família Júlio-Cláudia", 1992-1993, p. 178.

A ascensão de Tibério ao poder, em função disso, deu-se gradativamente. Em 24 a.C., com cinco anos de antecedência do que prescrevia a regra, tornou-se questor; consecutivamente, exerceu a pretura (em 16 a.C.) e o consulado (em 13 a.C.). Em 11 a.C. casou-se com a filha de Augusto, Júlia, e, finalmente, em 4 d.C., foi adotado pelo mesmo. Procedendo desse modo, Augusto, de acordo com suas próprias palavras, estaria apenas agindo "no interesse da República" (Suetônio. Vida de Tibério XXI), mesmo sabendo que Tibério não era muito bem quisto no meio aristocrático.

Assim como no caso de Augusto, a sucessão de Tibério não foi menos problemática, já que, a exemplo daquele, todos os seus "candidatos" não lhe sobreviveram. Por fim, ao termo de sua vida, ainda "hesitava em escolher um sucessor" (Tácito. *Anais* VI, 46), acabando por indicar Caio (Calígula), filho de seu sobrinho e filho adotivo de Germânico, e Tibério, filho de Druso. Como não pudesse se decidir efetivamente por um dos dois, "deixou ao destino a solução do caso" (Tácito. *Anais* VI, 46). Sucedeu-lhe então Calígula, que, desde cedo, soubera aliar-se à força militar e política do Pretório e a seu chefe, Sutório Macro.

Quanto à sucessão de Calígula, se a de Tibério não havia sido preparada, a dele o fora menos ainda: Calígula é assassinado após três anos de governo sem ao menos indicar um sucessor. O escolhido então é Cláudio, último representante daquela família. Garantida pela guarda pretoriana, sua ascensão deu-se de maneira tranqüila: ele havia inclusive prometido a quantia de quinze mil sestércios a cada soldado.

Finalmente, o sucessor de Cláudio, Nero, era filho do primeiro casamento de Agripina, a Jovem. Embora tivesse um filho natural (Britânico), Cláudio, instigado por Agripina, ado-

O *DE CLEMENTIA* E SUA TEORIA DE PODER

tou Nero, garantindo a ele, assim, uma possível participação no governo do Império. A fim de que essa participação pudesse se viabilizar efetivamente, Agripina fez uso de vários estratagemas, no intuito de tornar Nero mais popular do que Britânico. Assim, conseguiu, em primeiro lugar, que Nero tomasse a *toga uirilis* antes da idade prevista; depois, promoveu seu casamento com Otávia, filha de um casamento anterior de Cláudio; finalmente, afastou, tanto quanto possível, Britânico do centro das atenções, vestindo-o invariavelmente como uma criança. Em 54, aproveitando-se da ausência de Narciso – liberto de grande influência à época – envenena Cláudio[21], abrindo caminho, definitivamente, para a ascensão de Nero.

Ao assumir o poder em 54 (Tácito. *Anais* XII, 69; Suetônio. Vida de Nero VIII; Dião Cássio. *História Romana* LXI, 3, 1), Nero revela, em seu primeiro discurso como Imperador (escrito, aliás, por Sêneca, segundo Tácito. *Anais* XIII, 4 e Dião Cássio. *História Romana* LXI, 3, 1), uma singular mudança em relação aos métodos de governo de Cláudio, rejeitando-os. Promete retornar ao modelo de Augusto, honrar a integridade do Senado, abolir os crimes de traição (*maiestas*) e as decisões antes tomadas no âmbito privado do príncipe, além de afastar os libertos do poder. Cumpre, efetivamente, num primeiro momento, essas promessas, afastando Palas do governo e nomeando para o consulado membros das famílias romanas que haviam sido elevadas por Augusto[22].

---

21. G. Achard levanta controvérsias em relação ao suposto envenenamento de Cláudio (Tácito. *Anais*, XII, 66-67; Suetônio. Vida de Cláudio, XLIV e Dião Cássio. *História Romana*, LX, 34, 2-3). Diz que os antigos romanos não tinham condições de diferenciar um envenenamento de uma indigestão, por exemplo. Ver G. Achard, *Néron*, 1995, pp. 21-23.

22. Lúcio Antístio Veto em 55, Públio Cornélio Cipião em 56, Lúcio Calpúrnio Pisão

Aproximadamente dois anos depois, Sêneca, contrariamente ao que havia escrito no discurso de posse de Nero, em 54, propõe uma nova orientação política para seu governo, especialmente centrada na figura do príncipe. Suas idéias, sintetizadas na obra *De Clementia*, propunham a superação do modelo criado por Augusto, de modo que o Estado romano, a partir de Nero, pudesse se fortalecer e manter coesas as relações entre os diferentes grupos sociais existentes sob uma nova perspectiva. É sobre essas questões que discorremos a seguir.

O *DE CLEMENTIA* E O CONTEXTO NERONIANO

O *De Clementia* apresenta-se, dentro do conjunto da obra de Sêneca, como uma de suas únicas incursões no campo da política imperial romana do primeiro século, juntamente com o *De Ira* (em que tece longas críticas ao governo de Calígula) e o *Ludus de Morte Claudii* (*Apokolocyntosis*), sátira menipéia sobre o governo e a morte de Cláudio, no final de 54 (em que censura as atitudes de Cláudio frente ao governo de Roma). Nele podem ser observados elementos de uma teoria de poder monárquico explicitamente esboçados e fundados sobre o estoicismo mais ortodoxo, característica que lhe garante, inclusive, a prerrogativa de orientação política para o primeiro período da administração neroniana.

O fato de ter sido escrito logo no início do governo[23] de Nero relaciona-o, por isso, ao que grande parte da historiografia admite ser o *quinquennium Neronis*, período em que

---

em 57, Marcos Valério Messala Corvino em 58, Caio Fonteio Capito em 59 e Cosso Cornélio Lêntulo em 60. Ver D. Shotter, *Nero*, 1997, p. 18.

23. Sobre esta questão veja-se, mais adiante, a discussão sobre a datação da obra.

O *DE CLEMENTIA* E SUA TEORIA DE PODER

Nero, gozando da preciosa intervenção de Sêneca e Burro, prefeito do Pretório, exerce uma excelente administração[24].

De acordo com E. Cizek[25] a formulação do conceito do *quinquennium Neronis* teria surgido a partir de Aurélio Vítor, historiador latino que viveu na segunda metade do século IV (em *Liber de Caesaribus* V, 1-2 – obra publicada em 360 d.C. que abrange os governos de Tibério a Constâncio II, e *Epitome de Caesaribus* V, 2-5). Em sua obra, a expressão *quinquennium Neronis* teria sido usada por Trajano (98-117) como sinal de aprovação às construções e aquisições provinciais realizadas por Nero. Esse *quinquennium* sempre foi identificado com os cinco primeiros anos do Principado neroniano, quando teria governado sob os conselhos de Sêneca. Na realidade, apurou-se que Trajano se referia aos últimos cinco anos[26], período em que, efetivamente, Nero procedeu a inúmeras reformas na cidade de Roma, e quando foram anexados o Ponto (em 64) e os Alpes Cotianos (por volta de 63).

M. Levi[27], por sua vez, acredita que a expressão provém de uma fonte posterior à época de Trajano, enquanto para O. Murray[28] ela teria sido forjada por Aruleno Rústico em sua biografia de Traséia Peto, escrita sob Domiciano e na qual ele ex-

---

24. Esse é um quadro comum na historiografia. Conferir, entre outros, M. Levi. *Nerone e suoi tempi*, pp. 109-111; A. Momigliano, "Nero", 1952, pp. 706-707; B. Warmington, *Nero. Reality and Legend*, 1981, pp. 21-42; E. Cizek, *L'époque de Néron et ses controverses idéologiques*, 1972, pp. 134-137; E. Cizek, *Néron*, 1982, pp. 91-93; M. T. Griffin, *Nero. The End of a Dinasty*, 1984, pp. 50-66; V. Rudich, *Political Dissidence under Nero*. The Price of Dissimulation, 1993, pp. 10-17.

25. E. Cizek, *op. cit.*, 1982, p. 93.

26. A. Momigliano, *op. cit.*, p. 706 e O. Murray, "The *Quinquennium Neronis* and the Stoics", 1965.

27. M. Levi, *op. cit.*, pp. 35-37.

28. O. Murray, *op. cit.*, pp. 56-57.

IMAGENS DO PODER EM SÊNECA

pressa, por meio de preceitos estóicos, toda a sua desaprovação ao governo desse Imperador. Embora essa questão gere grande controvérsia entre os historiadores, o fato é que, em geral, admite-se que esse período tenha realmente existido[29], o que não se sabe precisar é quando e quanto tempo teria durado exatamente.

Para esse período, em que Nero teria efetivamente realizado um bom governo, a historiografia contemporânea apresenta inúmeras propostas para sua delimitação: a primeira delas[30] pretende os anos compreendidos entre 54 e 55, quando se dá a morte de Britânico; a segunda, até o ano de 58[31], em função da má influência de Popéia, ou, conforme M. Levi[32], a partir do projeto de reforma fiscal; a terceira até 59[33], depois da morte de Agripina; a quarta, até 61[34], quando dos *fasti consulares*, em que Nero substitui grande parte dos senadores de origem tradicional; a quinta, até 62[35], após a morte de Burro (prefeito do Pretório) e o afastamento de Sêneca do governo, abrindo espaço para as decisões pessoais do jovem Imperador; e, enfim, no final de seu governo, até 64 ou 65[36], por conta da conspiração de Pisão.

O ponto comum de todas essas propostas é justamente o fato de marcarem o início do período do bom governo de Nero

29. M. T. Griffin, *Seneca, a Philosopher in Politics*, 1976, pp. 423-427.
30. P. Jal, "Images d'Auguste chez Sénèque", 1957, p. 244.
31. A. Weigall, *Néron*, 1931, p. 158.
32. M. Levi, *op. cit.*, pp. 136; 145 e 151.
33. G. Achard, *op. cit.* e Dião Cássio, *História Romana* LXI, 11, 1.
34. E. Cizek. *op. cit.*, 1972, pp. 136-137.
35. Tácito, *Anais* XIV, 52; A. Momigliano, *op. cit.*, p. 820 e R. Waltz, *Vie de Sénèque*, 1909, pp. 339-340.
36. J. C. C. Anderson, "Trajan on the *Quinquennium Neronis*", 1911, pp. 173 e ss. *apud* E. Cizek. *op. cit.*, 1982, p. 117.

O *DE CLEMENTIA* E SUA TEORIA DE PODER

logo depois de sua ascensão ao poder. Isso permite a afirmação de que, mais do que a suposta influência de Sêneca e Burro, é a própria existência do tratado sobre a clemência e a crença de que foi escrito logo no início de seu governo que daria, por seu conteúdo, respaldo às atitudes de Nero nesse primeiro momento de governo. Essa conjectura evidencia, no entanto, uma visão limitada do alcance dos preceitos que essa obra senequiana encerra, pois a restringiria apenas a uma "obra de circunstância"[37], que serviria tão-somente aos propósitos da própria época em que foi redigida, sem que suas diretrizes pudessem ser aplicadas a outras circunstâncias históricas ou compreendidas em outros contextos.

É muito difícil, ademais, detalhar aquilo que se fez ou não sob os auspícios de Sêneca, já que nada se decidia nem se executava em seu nome. As fontes[38] não atribuem a ele decisão precisa ou iniciativa política alguma; e tão pouco se encontra a menor intervenção de Sêneca durante as deliberações do Senado[39].

Como saber se Nero realmente seguiu os preceitos contidos na obra de Sêneca ou, simplesmente, se ele realizou um bom governo? A fim de melhor compreender a abrangência da *clementia* senequiana no governo de Nero, portanto, fez-se necessária uma análise mais direta das fontes de caráter historiográfico que retrataram o período neroniano, quais sejam, os *Anais*, de Públio Cornélio Tácito (55-116 d.C.); *A Vida dos Doze Césares*, de Caio Suetônio Tranqüilo (70-150 d.C.); e

---

37. F. Préchac, "La date et la composition du *De Clementia*", 1932, p. 105.

38. Apenas Dião Cássio afirma que Sêneca e Burro, depois de chegarem a um comum acordo, fizeram mudanças na legislação existente, abolindo algumas leis e homologando outras (Dião Cássio, *História Romana*, LXI, 4, 2).

39. R. Waltz, *op. cit.*, p. 38 e P. Veyne, *Séneca y el Estoicismo*, 1996, p. 37.

História Romana, de Dião Cássio (150-235 d.C.), da forma como segue.

Tácito dedica quatro livros dos seus *Anais* ao governo de Nero: os de números XIII, XIV, XV e XVI (incompleto). Segundo Mark Munford[40], "o *telos* dos livros neronianos, no plano de Tácito, era a destruição da liberdade romana e o colapso do poder centralizado que teria sido estabelecido por Augusto e especialmente renovado por Nero", de modo que sua compreensão do governo neroniano, por um lado, evidencia a prática dos princípios augusteanos (por um breve período) e, por outro, mostra como a tirania de Nero era progressivamente revelada nos contextos moral, político e militar[41].

Suetônio, por sua vez, ao compor suas biografias sobre os césares, segue, em geral, um mesmo esquema: um setor cronológico inicial; outro que procura representar o real tal como ele se dá, sem integrá-lo ao lado psicológico do personagem; e, finalmente, um último setor cronológico[42]. Estruturando suas biografias dessa maneira, Suetônio permite verificar os vícios e as virtudes próprios de cada César. No caso de Nero, há um evidente prevalecimento das qualidades negativas, que vão adquirindo, ao longo da narrativa, um caráter cada vez mais feroz. O sentido desse ardil e a intensidade dos traços constituem, assim, uma marca da progressão dos vícios rumo ao que se pode considerar o ápice de sua crueldade, que é o

---

40. M. Munford, "Tacitus' Historical Methods in the Neronian Books of the *Annals*", 1990, pp. 1582-1627.

41. Para M. K. Thornton ("The Augustean Tradition and Neronian Economics", 1975, pp. 149-175), o período do governo de Nero que mais se aproxima do de Augusto é posterior a 62, especialmente do ponto de vista econômico.

42. Sobre o plano biográfico de Suetônio ver E. Cizek, *Structures et idéologie dans 'Les vies des douzes Césars'*, 1977.

O *DE CLEMENTIA* E SUA TEORIA DE PODER

incêndio de Roma. Essa "estrutura organizadora", segundo Cizek[43], representa ao mesmo tempo uma ideologia, uma concepção sobre o príncipe em evidência e sobre suas atitudes.

Finalmente, Dião Cássio reconstrói a história do período neroniano nos livros LXI a LXIII de sua *História Romana*, obra monumental que trata da história de Roma desde a sua fundação até a morte do Imperador Severo Alexandre, em 235 d.C. O texto original dos livros XXXVI a LIV (que cobrem os anos 68 a 10 a.C.) foi preservado na íntegra, enquanto se conservaram apenas parcialmente os livros LV a LX (até 46 d.C.) e os livros LXXIX e LXXX (de 217 a 220 d.C.). O restante da obra consiste de versões resumidas, elaboradas por eruditos bizantinos durante os séculos X a XII. A narrativa de Dião Cássio segue, indubitavelmente, as fontes utilizadas por Tácito e Suetônio. "Sua descrição dos crimes e loucuras de Nero é impressionante"[44] e, como Suetônio, freqüentemente toma mexericos e rumores como fatos.

Por meio dessas três fontes, é possível, pois, buscar elementos que evidenciem se as atitudes de Nero durante o exercício de seu poder podem ser tomadas ou não como adequadas, e mesmo se suas decisões podem ser classificadas como "clementes". Para tanto, para efeitos de análise, tomaremos como referência o ano de 62 (*Anais* XIV, até 56), em que Sêneca se afasta do poder e, portanto, deixa, supostamente, de exercer uma influência direta sobre Nero.

Os acontecimentos, portanto, serão analisados em dois momentos distintos, o primeiro, de 54 a 62, período em que Nero teria colocado em prática os preceitos senequianos sobre

---

43. *Idem.*
44. B. H. Warmington, *op. cit.*, p. 8.

a clemência; e o segundo, de 62 a 68, quando o jovem Imperador dá início à sua política pessoal propriamente dita. O objetivo é analisar, sob o ponto de vista da justiça, se os vereditos pronunciados por Nero, mediante as circunstâncias em que se deram, podem ser considerados arbitrários ou não. Para isso, como bem coloca R. Waltz, é preciso ter em mente que, no sistema romano, "a justiça mal diferenciava-se da administração geral"[45], abraçando, por assim dizer, todas as relações do indivíduo e do Estado, e que, portanto, àquele a quem se deviam as principais decisões eram apresentados casos das mais díspares naturezas, sobre os quais deveria se pronunciar.

O relato sobre o governo de Nero é introduzido (ao menos em Tácito. *Anais* XIII, 1) pelo assassinato de Marco Júnio Silano, procônsul da Ásia e descendente de Augusto (Dião Cássio dá notícia desse episódio em LXI, 6, 4-5). A responsabilidade do crime, segundo os dois historiadores, seria de Agripina, e Tácito, a seu turno, é enfático ao afirmar que Nero ignorava os estratagemas da mãe. É curioso notar, entretanto, que os agentes diretos da morte de Silano, na Ásia, Públio Celer e Hélio, aparecem, posteriormente, obtendo favores de Nero. Públio Celer, como se verá mais adiante, foi condenado em 57 por extorsão na Ásia, mas Nero protela o caso até que ele tenha morte natural (*Anais* XIII, 33). Já Hélio era o liberto que cuidou dos interesses do Imperador quando este estava na Grécia. Se Nero nada sabia, portanto, sobre o complô contra Silano na ocasião em que foi perpetrado, que razões teria para favorecer seus assassinos diretos posteriormente, quando já eram de seu conhecimento os nomes dos criminosos?

45. R. Waltz, *op. cit.*, p. 282.

O *DE CLEMENTIA* E SUA TEORIA DE PODER

Por essa mesma época, segundo Tácito, deu-se igualmente a morte de Narciso, outra vítima de Agripina (*Anais* XIII, 1), que teria sido constrangido ao suicídio. O motivo alegado eram suas desavenças com Agripina, as quais existiam já desde a época de Cláudio. Dião Cássio, todavia, narra a morte de Narciso duas vezes, primeiro em LXI, 34, 4-6, logo após a de Cláudio; e, depois, em LXIII, 3, 4, no ano de 68, pelas mãos de Tigelino. Trata-se, neste caso, de duas pessoas diferentes, ou apenas um lapso de Dião Cássio? Seja como for, em ambos os casos parece impossível identificar qual seria o Narciso em questão ou qual das datas apontadas seria a verdadeira. Qualquer que seja a resposta, o liberto de Cláudio pode simplesmente ter sido ignorado durante o governo neroniano, de modo que sua morte, tenha sido ela no começo ou no final do Principado de Nero, não se deu por uma decisão sua.

Já no ano de 55, Tácito (*Anais* XIII, 10) escreve que Nero não consentiu que se aceitassem as denúncias feitas contra o senador Carinas Celer e contra o eqüestre Júlio Denso. O primeiro foi acusado por um escravo, mas Tácito não dá a entender o motivo; ao segundo, por sua vez, imputava-se-lhe a culpa por ter sido favorável a Britânico na questão da sucessão de Cláudio. Nesse mesmo ano e já na passagem seguinte (XIII, 11) Tácito atribui a Nero dois atos de "benignidade": no primeiro, isentou L. Antístio de prestar juramento de obediência ao príncipe, pelo que foi aclamado pelo Senado; no segundo, restituiu ao Senado Pláucio Laterano, que fora dele expulso por ter cometido adultério com Messalina (em 65 ele seria implicado na conspiração de Pisão e pagaria com a vida).

Em *Anais* XIII, 14, Nero, segundo Tácito, já farto da interferência de Agripina em seu governo, decidiu dispensar Palas, aliado desta, da administração dos negócios que lhe havia incumbido Cláudio. Estabeleceu, no entanto, que Palas não seria acusado de qualquer ocorrência, tendo sido lhe dada completa quitação de suas contas para com o tesouro. Mais adiante, em *Anais* XIII, 20, foi revelado a Nero que Agripina tramava uma conspiração contra ele, por meio da qual faria proclamar Rubélio Plauto, descendente de Augusto pelo lado materno. Agripina, chamada à presença de Sêneca e de alguns libertos, que serviam de testemunhas (*Anais* XIII, 21) pôde então se defender. Solicitou a seguir uma audiência com Nero, em que, sem se desculpar, pediu apenas que seus delatores fossem punidos e que alguns de seus amigos fossem recompensados. Nero concedeu os benefícios que ela reclamava e executou as demais sentenças. Dentre os delatores, Júnia Silana foi exilada; Calvísio e Itrúrio, clientes desta última, "relegados"; Atímeto, liberto de Domícia, condenado à morte; Páris não sofreu pena alguma e a decisão em relação a Plauto ficou em suspenso (*Anais* XIII, 22), tendo sido morto apenas em 62, a título de "manutenção da ordem pública".

Após esses episódios, seguiu-se uma nova denúncia (*Anais* XIII, 23), a de que Palas e Burro intentavam transmitir o Império a Fausto Cornélio Sula Félix, marido de Antônia. O delator, chamado Peto, era conhecido pelas arrematações que fazia dos bens dos condenados, sendo considerado também um falsário. Palas e Burro foram inocentados, assim como Sula[46], e Peto foi condenado ao exílio, sendo também queimadas as contas em que reclamava dívidas antigas, já satisfeitas no erário.

No ano 56, Tácito (*Anais* XIII, 26-27) retrata um debate que teve lugar no conselho do Imperador Nero a respeito de

---

46. Sula foi assassinado em 63, juntamente com Rubélio Plauto, pelo mesmo motivo já mencionado.

O *DE CLEMENTIA* E SUA TEORIA DE PODER

uma proposta do Senado de permitir aos patronos o direito de revogar a liberdade dos libertos que os desrespeitassem. De acordo com o historiador, os favoráveis a tal medida alegavam que os instrumentos legais de que dispunham os patronos para punir os libertos eram, além de escassos, desrespeitados por eles. Por isso, defendiam a pena de revogação de liberdade, de modo que o medo de sua aplicação gerasse obediência. Os que eram contra essa proposta argumentavam que a liberdade era um bem inalienável e que o grande número de libertos na população deveria ser considerado. Esse grupo defendia, portanto, que uma medida repressiva não fosse promulgada, mas que cada senhor avaliasse os méritos do escravo antes de manumiti-lo. Nero decidiu-se por essa última posição, proibindo então que uma lei punitiva geral fosse decretada, estabelecendo que cada caso fosse examinado individualmente.

Nesse mesmo ano foi condenado Vipsânio Lenas (*Anais* XIII, 30), por sua avareza na gerência da Sardenha; absolvido Séxtio Próculo, acusado de concussão pelos cretenses; e Clódio Quirinal, acusado de crueldade na Itália, antecipou sua condenação suicidando-se.

No ano seguinte (57), retornou ao Senado Lúcio Vário (*Anais* XIII, 32), condenado outrora por crime de concussão. Foram feitas também, nesse ano, "muitas acusações" (*Anais* XIII, 33), entre as quais a de Públio Celer, acusado pela província da Ásia. Nero, não o podendo absolver, pois este já havia assassinado outrora Silano, estendeu o processo até que Celer tivesse morte natural. Conssutiano Capiton, por sua vez, foi denunciado pelos cilicenses e condenado por crime de concussão (*Anais* XIII, 33, 2). Já Éprio Marcelo (*Anais* XIII, 33, 3), acusado pelos lícios pelo mesmo motivo, foi inocentado, ao mesmo tempo em que muitos de seus acusadores foram condenados ao exílio, por terem posto "em perigo um cidadão inocente".

Foi, posteriormente, em 58, condenado P. Suílio Rufo (*Anais* XIII, 42) por ter se pronunciado contra o estilo de vida de Sêneca, sobre o qual, então, recaiu a condenação[47]. Além disso, Suílio foi acusado de depredação e de peculato quando governou a Ásia; de ter perseguido Q. Pompônio; de ter sido o responsável pelas mortes de Júlia, filha de Druso e Sabina Popéia, e pelas condenações de Valério Asiático, Lúcio Saturnino, Cornélio Pupo e de um grande número de cavaleiros romanos. Por conta desses atos, Suílio perdeu a metade de seus bens e foi desterrado para as ilhas Baleares. Os acusadores, por ódio ao pai, pretenderam ainda acusar Nerulino, seu filho, por concussão, ao que Nero interveio, julgando já satisfeita a sentença.

Nesse mesmo ano foi condenado ainda Otávio Sagita (*Anais* XIII, 44) por ter agredido uma mulher casada chamada Pôncia, a quem havia levado ao adultério e por quem havia sido rejeitado. Seus bens foram confiscados e ele foi exilado. Cornélio Sula, por sua vez, foi acusado de tramar um atentado contra a vida de Nero (*Anais* XIII, 47) e, embora não se tivesse comprovado nada contra ele, foi condenado ao desterro em Marselha. Acusou-se ainda Sulpício Camerino e Pompônio Silvano de crimes de concussão e crueldade (*Anais* XIII, 52), mas Nero absolveu-os. Finalmente, para o ano de 58, Dião Cássio diz ter havido uma disputa judicial que trouxe "morte e exílio para muitos" (*História Romana* LXI, 10, 1) e que Mar-

---

47. Sêneca, conforme já mencionado, pertencia à escola estóica, corrente filosófica cuja marca específica era, em traços gerais, a busca da ataraxia, ou seja, o afastamento das paixões. Ora, Sêneca, além de senador, possuía inúmeros bens, o que ia de encontro à própria filosofia que professava.

co Sálvio Oto, embora tivesse dito a Nero que ele se via como o próprio César, não foi punido (*História Romana* LXI, 11, 1). Já Suetônio (Vida de Nero XII) enfatiza como, por ocasião de um combate de gladiadores em 58, Nero não permitiu que ninguém fosse morto, nem mesmo entre os criminosos.

Em 59, logo após a morte de Agripina, Nero concedeu repatriação a Júnia e Calpúrnia, assim como a Valério Capiton e Licínio Gábolo, antigos prefeitos, desterrados outrora por Agripina. Também permitiu que fossem repatriadas as cinzas de Lélia Paulina e absolveu da pena por ele mesmo imputada Itrúrio e Calvísio (*Anais* XIV, 12). Nero absteve-se, posteriormente, de se pronunciar sobre uma contenda entre as cidades de Nucéria e Pompéia (*Anais* XIV, 17), deixando ao Senado a decisão. Os que haviam promovido o distúrbio tiveram por castigo o desterro.

Pédio Bleso foi expulso do Senado, por acusação dos cirenenses, por ter violado o tesouro de Esculápio e de, na conscrição militar, ter prevaricado por prêmios e empenhos (*Anais* XIV, 18). Também a Acílio Estrabão os cirenenses perseguiram por ter emitido um julgamento que os prejudicara. Nero, ao ser consultado, confirmou as decisões de Estrabão, mas concedeu aos cirenenses o que demandavam, dizendo que assim favorecia os aliados.

No ano 60, Tácito (*Anais* XIV, 28) aponta apenas um único caso em que Nero se pronunciou: o de Víbio Secundo, cavaleiro romano acusado pelos mouros de concussão. Ele foi condenado e expulso da Itália.

Em 61, ainda segundo Tácito, deram-se em Roma dois "crimes insignes", um contra Domício Balbo, antigo pretor, e outro contra Pedânio Secundo, prefeito de Roma. A Domício Balbo falsificaram um testamento (*Anais* XIV, 40-41). Os participantes

IMAGENS DO PODER EM SÊNECA

da trama (um parente seu, Valério Fabiano, além de Vinício Rufino, Terêncio Lentino e Antônio Primo) foram condenados às penas da Lei Cornélia[48]; Anísio Marcelo, que também participara, escapou ao castigo, em consideração a seus antepassados e a pedido de Nero; já Pompeu Eliano, cúmplice, teve por pena serem-lhe interditadas a Itália e a Espanha, de onde era natural; e Valério Pôncio, também cúmplice, sofreu a mesma pena de P. Eliano.

Pedânio Secundo, por sua vez, foi assassinado por um escravo. As razões apontadas foram duas: ou o senhor recusara a liberdade ao escravo após já ter combinado o preço, ou rivalizavam pelo amor de um mesmo rapaz (*Anais* XIV, 42, 1). A pena prevista para esse tipo de ocorrência era a execução de todos os demais escravos que estivessem na casa no momento do crime[49]. Como eram, ao todo, quatrocentos, o Senado fi-

48. As *Leges Corneliae* foram sancionadas pelo ditador Sula em 81 a.C. A *lex cornelia* aqui referida é a *de falsis* (M. T. Griffin, *op. cit.*, 1976, p. 170), aplicada a qualquer pessoa "qui testamentum malo scripserit, recitauerit, subjecerit, suppresserit, amouerit, resignauerit, deleuerit" etc. A ofensa a que se lhe aplicava era considerada como um *crimen publicum*, cuja pena era *deportatio in insulam*, para os *honestiores* e trabalho forçado (minas) ou crucificação para os *humiliores*. Em lugar da *deportatio*, a lei também previa a punição de *interdictio aquae et ignis* (*Lex Corneliae de Falsis*. Verbete elaborado por G. Long [Trinity College] a partir de W. A. Smith. *Dictionary of Greek and Roman Antiquities*, pp. 517-518. Ver www.ukans.edu/history/index/europe/ancient_rome/E/Roman/Texts/ secondary/SMIGRA*/ Leges_Coneliae.html). Para evitar as falsificações, durante o governo de Nero adotou-se um sistema consistente, em que os contratos eram selados apenas depois de terem sido furados e passados três vezes um fio pelos buracos. Nos testamentos, em particular, as duas primeiras páginas não deveriam trazer senão o nome do testador, sem qualquer outra assinatura e ninguém poderia escrever o testamento de outra pessoa no qual se achasse contemplado (Suetônio, Vida de Nero XVII).

49. Trata-se do *senatus consultum Silanianum*, de 10 d.C. Cf. G. Boulvert e M. Morabito, "Le droit de l'esclavage sous le Haut-Empire", 1982, pp. 107-108.

O *DE CLEMENTIA* E SUA TEORIA DE PODER

cou dividido perante a decisão de condená-los. Além disso, houve uma comoção muito grande entre a plebe. Seguiu-se, então, um discurso do senador C. Cássio Longino, defendendo a aplicação da pena, sob o argumento de que o interesse público justificava a morte de tantos inocentes, argumento que prevaleceu sobre todos.

Posteriormente, ainda no ano de 61, foi condenado Tarquínio Prisco por crime de concussão (*Anais* XIV, 46), sendo acusadores os bitínios.

Já em 62, Tácito relata o processo de lesa-majestade a que o pretor Antístio Sosiano foi submetido por haver dirigido versos injuriosos a Nero (*Anais* XIX, 48-49). Num primeiro momento, o Senado propôs sua destituição da pretura e a aplicação da pena capital. Traséia, no entanto, propôs que fossem confiscados os bens do acusado e que fosse deportado para alguma ilha. Solicitou-se então um pronunciamento sobre o assunto a Nero, que preferiu acatar a decisão que melhor aprouvesse ao Senado. Este, então, concordou com a proposta de Traséia, "pois ela não atentava contra a firmeza de sua reputação [de Traséia], nem expunha o príncipe à odiosidade pública".

Por igual delito foi perseguido Fabrício Veiento (*Anais* XIV, 50), que muitas injúrias havia escrito contra os senadores e sacerdotes. Provada a acusação, Nero expulsou-o da Itália e mandou queimar os seus escritos.

Em Suetônio (Vida de Nero XXXIX) há ainda dois casos relatados de injúrias a Nero. No primeiro deles, tendo os autores dos versos sido denunciados e entregues ao Senado, Nero não consentiu que fossem punidos severamente; já no segundo, em que o difamador foi reconhecido como sendo Isidoro Cínico, Nero limitou-se tão-somente a expulsá-lo de Roma.

De 54 a 62, portanto, observa-se que, das catorze ou quinze acusações de concussão (*Anais* XIII, 30, 2; XIII, 33, 2-3; XIII, 52; XIV, 28 e XIV, 46), peculato (*Anais* XIV, 18, 1) ou abuso de poderes (*Anais* XIII, 14; XIII, 30, 1 e 3; XIV, 18; XIV, 28 e XIII, 42), houve apenas seis condenações: em XIII, 14 Palas foi afastado dos negócios; em XIII, 30 e 33 e XIV, 46, Vispânio Lenas, Conssutiano Capiton e Tarqüínio Prisco foram condenados (mas não há menção à pena aplicada); em XIV, 18 Pédio Bleso foi expulso do Senado; em XIV, 28 Víbio Secundo foi expulso da Itália; e em XIII, 42 Suílio foi exilado e teve metade de seus bens confiscados. Além disso, há uma condenação por agressão física (XIII, 44); um caso de falsificação de testamento (XIV, 40-41), em que quatro acusados são exilados, a dois cúmplices são interditas determinadas regiões e um é absolvido; três casos de injúria contra Nero, em que um acusado é absolvido (Dião Cássio. *História Romana* LXI, 11, 1); outro é expulso de Roma (Suetônio. Vida de Nero, XXXIX); e outro indiciado por crime de lesa-majestade[50], tendo sido deportado com os bens confiscados (*Anais* XIV, 48); um caso de injúria contra os senadores e sacerdotes (*Anais* XIV, 50), tendo sido o acusado também indiciado por crime de lesa-majestade (foi expulso da Itália e teve seus bens confiscados); um caso de emboscada ao Imperador (*Anais* XIII, 47), pelo qual Cornélio Sula, o suposto mandante, foi exilado; e, finalmente, apenas dois casos de pena de morte, em *Anais* XIII, 22, quando foram punidos os delatores de uma suposta conspiração por parte de Agripina[51]; e em *Anais* XIV, 42, quando os quatrocentos es-

---

50. Esta é a primeira vez que Nero se utiliza dessa lei, ou seja, apenas em 62.
51. Atímeto foi o único condenado à morte. Silana, Calvísio e Itrúrio foram exilados; Páris foi absolvido e, em relação a Plauto, nada se decidiu na ocasião.

O *DE CLEMENTIA* E SUA TEORIA DE PODER

cravos de Pedânio Secundo foram objeto da aplicação do *senatus consultum Silanianum*. Houve ainda duas denúncias que não foram aceitas (em *Anais* XIII, 10 contra Carina Celer, em que não há motivo explícito, e contra Júlio Denso, por ser partidário de Britânico); três denúncias em que os acusados é que são punidos (*Anais* XIII, 22; 23 e 33, 3); e oito casos de repatriamento ou de absolvição do desterro (*Anais* XIII, 32 e XIV, 12).

Existe, portanto, entre 56 e 62[52], uma variedade bastante limitada de crimes que, em sua maior parte, redundam em penas leves (exílio e/ou perda de parte ou da totalidade dos bens), podendo os acusados serem até mesmo absolvidos dos delitos dos quais foram denunciados. Os únicos crimes imputados a Nero nesse período, e que não chegaram a ser julgados, foram os assassinatos de Britânico (supondo que ele realmente foi assassinado), em 55, e de Agripina, em 59, crimes que podem ser justificados, em última instância, como sendo necessários à preservação do poder imperial por parte de Nero[53].

Com o afastamento de Sêneca em 62[54], foi retirado dos negócios Fênio Rufo (*Anais* XIV, 57, 1), a pretexto de ter sido aliado de Agripina; Sila (*Anais* XIV, 57, 2) e Rubélio Plauto

---

52. R. Waltz, *op. cit.*, pp. 290-293 faz um interessante balanço a respeito das decisões judiciárias tomadas nesse período.

53. A morte de Burro, relatada em *Anais* XIV, 51, *História Romana* LXII, 13, 3 e Vida de Nero XXXV, é considerada também como obra de Nero, que o teria envenenado. O próprio Tácito, todavia, aventa a hipótese de uma enfermidade natural. Além disso, tem-se os assassinatos de Silano e Narciso, cujas mortes causam controvérsia até mesmo entre as fontes.

54. Tácito (*Anais*, LIII-LVI) relata que Sêneca solicitou uma audiência a Nero e expôs as razões pelas quais deveria se afastar de seus compromissos para com ele e para com o Estado.

(*Anais* 59, 1 e *História Romana* LXII, 14, 1) foram mortos a título de "manutenção da ordem pública"; Otávia, primeira esposa de Nero, foi acusada de adultério e de aborto (*Anais* XIV, 63), sendo, por isso, num primeiro momento, exilada, depois morta (ver também *História Romana* LXII, 13, 1 e *Vida de Nero* XXXV); e Doríforo e Palas, dois dos principais libertos de Nero, foram condenados à morte (*Anais* XIV, 65, 1), o primeiro por ter se oposto ao casamento de Nero com Popéia, e o segundo por deter "imensa fortuna". Nesse mesmo ano, Romano acusou Sêneca (*Anais* XIV, 65, 2) de ter tramado ocultamente contra Nero juntamente com C. Pisão; Sêneca, no entanto, acusou-o do mesmo crime, mas Tácito não revela se algum dos dois sofreu algum tipo de punição nesse momento (o desfecho se dá na conspiração de Pisão, em 65). Por fim, o cretense Cláudio Trimarco foi acusado de abuso de poder e por haver dirigido palavras injuriosas ao Senado (*Anais* XV, 20), pelo que foi banido da província.

No ano 64 Torquato Silano (*Anais* XV, 35 e *História Romana* LXII, 27, 2) foi impelido a matar-se por dizer-se trineto de Augusto; seus acusadores diziam que perpetava uma revolução com vistas ao poder imperial. Posteriormente, foram condenados à morte inúmeros cristãos (*Anais* XV, 44), embora não se saiba ao certo se por suas convicções religiosas ou pelo fato de terem ateado fogo em Roma, destruindo grande parte de cidade.

Já em 65, deu-se a conspiração de Pisão (*Anais* XV, 49-71, *História Romana* LXII, 24, 1 e *Vida de Nero* XXXVI), cujo intento era destituir Nero do poder. Descoberta a conjura, inúmeras sentenças foram proclamadas, como, por exemplo, as de Pláucio Laterano e Súbrio Flávio (*Anais* XV, 67), que foram degolados; e a de Sêneca (*Anais* XV, 60-65), constrangido ao

O *DE CLEMENTIA* E SUA TEORIA DE PODER

suicídio. Morreram ainda Sulpício Ásper e Fênio Rufo (*Anais* XV, 68); Vestino (*Anais* XV, 69); Aneu Lucano, Senecião, Quinciano e Cevino (*Anais* XV, 70); além de outros centuriões (*Anais* XV, 68). Pisão abriu as veias antes mesmo de ter sido interpelado por Nero (*Anais* XV, 59), enquanto os demais conjurados ou foram exilados, ou foram destituídos de seus cargos, ou tiveram seus bens confiscados, ou, ainda, simplesmente, foram perdoados ou absolvidos (*Anais* XV, 71).

Buttenderson[55] conta, entre os que sofreram punição pela conspiração de Pisão, 36 indivíduos; destes, apenas um inocente figura entre os mortos (o cônsul Vestino, *Anais* XV, 68-69). Dos que pagaram com suas vidas, são listados cinco senadores, cinco eqüestres e cinco soldados, além de Epicharis. Outros dois eqüestres foram perdoados por terem delatado a conspiração; um soldado foi perdoado e outro absolvido, mas ambos cometeram suicídio; doze senadores e a esposa de Cevino foram exilados; quatro soldados foram destituídos de seus postos; e a mãe de Lucano não foi punida.

Nesse mesmo ano, Cássio Longino e L. Silano foram exilados (*Anais* XVI, 9), o primeiro sob a acusação de haver tramado contra o poder imperial e o segundo por abuso de poder. Seus cúmplices, Vulcácio Tulino, Marcelo Cornélio e Calpúrnio Fabato, foram absolvidos. Posteriormente, Silano foi constrangido, já no exílio, ao suicídio. L. Antístio Veto, sua sogra Séxtia e sua filha Políca também tiveram igual fim (*Anais* XVI, 10-11). Foram acusados por um seu liberto chamado Fortunato e por Cláudio Demiano, a quem Veto encarcerara outrora, mas Tácito credita a condenação aos ódios de

---

55. Buttenderson, *The Life and Principate of the Emperor Nero apud* B. Baldwin, "Executions, Trials and Punishment in the Reign of Nero", 1967, p. 437.

Nero por eles serem parentes de Rubélio Plauto. Públio Galo, por sua vez, tendo sido amigo de Fênio Rufo e também de Veto, foi castigado com o exílio (*Anais* XVI, 12). Para o ano de 65 Dião Cássio relata ainda o banimento de Musônio Rufo de Roma por conta da conspiração de Pisão (LXII, 27, 3) e o exílio de Aneu Cornuto (LXII, 29, 2).

Em 66, Antístio Sosiano, exilado em 62 por ter feito contra Nero versos injuriosos, delatou P. Anteio e Ostório Escápula de estarem tramando contra o Império (*Anais* XVI, 14-15)[56]. Nesse ano morreram ainda Aneu Mela, Cereal Anício, Rúfio Crispino e Caio Petrônio (*Anais* XVI, 17), tidos como conspiradores; Traséia Peto e Baréia Sorano (*Anais* XVI, 35; *História Romana* LXII, 26, 1 e Vida de Nero XXXVII), o primeiro acusado de seccionário, e o segundo por ser amigo de Plauto e almejar projetos ambiciosos na província.

Segue-se, em 66, a conspiração de Viniciano, rapidamente mencionada por Suetônio (Vida de Nero XXXVI, 2). A intenção da conjura era depor Nero e colocar em seu lugar o general Cneu Domício Corbulão. Corbulão, por isso, foi constrangido ao suicídio (*História Romana* LXIII, 17, 4-6), e os demais conspiradores, mortos ou igualmente constrangidos ao suicídio.

Finalmente, em 67, Dião Cássio relata a morte de Sulpício Camenino (*História Romana* LXII, 18, 2), por ter sido irreverente perante o Senado.

Fazendo um balanço desse último período (62-68), observa-se que, até a conspiração de Pisão em 65, a maioria das sentenças visava, nas palavras de Tácito, "à manutenção da ordem pública", ou seja, eram decorrência da preservação do poder imperial a que Nero se impôs. O único caso delatado de abuso

---

56. Antístio seria exilado novamente no ano 70 (Tácito, *Histórias* IV, 44).

de poder (*Anais* XV, 20) foi punido com o exílio do acusado. Após 65, a maioria das mortes e suicídios, por sua vez, é decorrente da culpabilidade dos envolvidos, embora, ressalte-se, praticamente a metade dos conspiradores não tenha pago com sua vida, como já se fez notar. Certos indivíduos recebem, inclusive, benefícios por suas atitudes (como Antônio Natalis e Cervário Próculo, ao denunciarem os conspiradores em 65). Portanto, pode-se concluir que "a justiça é administrada através do governo [de Nero] com um bom grau de integridade"[57].

Sendo assim observa-se, pelo exposto, que as fontes não permitem delimitar precisamente um período específico em que Nero teria colocado a orientação política senequiana da clemência em prática, pois suas decisões, nesse sentido e aparentemente, percorrem todos os anos de seu Principado. Nem mesmo a divisão adotada neste texto para fins de análise (54-62/62-68), seguindo o quadro comum da historiografia, foi suficiente para estabelecer outra delimitação, mais condizente com os fatos relatados nas fontes. O que se verifica, na verdade, é que em todos os momentos do governo neroniano as penas aplicadas revelam-se adequadas em relação aos crimes que se apresentam[58].

Isso leva novamente à questão do "qüinqüênio feliz". Ora, se a maioria das sentenças proferidas sob Nero, pelo que se depreendeu das fontes, eram equilibradas, por que caracterizar o seu Principado em dois períodos distintos? A diferenciação a ser feita, na realidade, não é em relação às atitudes de Nero tão-somente, mas a quais grupos sociais elas são dirigidas. No

---

57. B. Baldwin, *op. cit.*, p. 439.
58. E. Cizek (*op. cit.*, 1982, p. 35), no entanto, diz que Nero substituiu sua *clementia* inicial pela *seueritas*, por acreditar que esta última fosse mais "funcional".

período que vai de 54 a 62, a orientação política de Nero volta-se mais para a forma tradicional aristocrática; já se observou, inclusive, que uma de suas medidas frente ao Império Romano foi a nomeação da antiga aristocracia, elevada sob Augusto, para os consulados dos primeiros anos. No período que vai de 62 a 68, por sua vez, essa orientação é invertida a favor da plebe, especialmente depois da redução de peso do denário, quando aumenta a quantidade de moeda circulante e os mais pobres e endividados são beneficiados[59]. Além disso, essa nova política caracterizou-se pela expansão das construções públicas e pelas distribuições de trigo à plebe, enquanto as doações a aristocratas e soldados teriam sido restringidas[60]. Em outras palavras, o período considerado pela historiografia como sendo o da clemência neroniana é aquele em que a aristocracia possui privilégios; a partir do momento em que ela é prejudicada, Nero passa a ser visto como um tirano, e suas decisões, como perseguições políticas[61].

Pode-se assim concluir que, embora as fontes não confirmem efetivamente a aplicação da teoria senequiana de poder para o primeiro período do governo de Nero, revelam indícios de que ela poderia ter sido empreendida, não em um período específico, como grande parte da historiografia afirma, mas como uma política contínua que adquiriu diferentes matizes ao longo do Principado de Nero.

---

59. M. L. Corassin, "Sêneca entre a Colaboração e a Oposição", 1999, p. 282.

60. Ver M. K. Thornton, *op. cit.*, especialmente pp. 160-171.

61. Para M. L. Corassin, ainda, era "evidente que os credores mais abastados sentiram-se prejudicados por essa política, o que influiu na diminuição do apoio das elites dirigentes a Nero e explica também a hostilidade destas ao príncipe" (*op. cit.*, p. 282).

O *DE CLEMENTIA* E SUA TEORIA DE PODER

As Emissões Monetárias do Período Júlio-Claudiano

No sentido de aprofundar essa questão, a análise que se segue considerou as inscrições e personificações presentes nas emissões monetárias do período júlio-claudiano[62] – dando particular atenção àquelas do Principado de Nero – com a finalidade de identificar, dentre elas, as que faziam algum tipo de referência à *clementia*[63].

Em primeiro lugar deve-se ter em mente que a cunhagem de moedas, desde o século III a.C., era uma prerrogativa da suprema autoridade do Estado[64]. Herdeira da tradição republicana, a cunhagem imperial, no entanto – e sobretudo a partir de Tibério – modificou seus padrões estilísticos dando lugar ao aparecimento das virtudes e suas personificações, cuja ênfase recaiu principalmente em seu conteúdo moral. "Sob Augusto, *Victoria, Pax, Fortuna Redix, Virtus, Clementia, Iustitia* e *Pietas* são centrais na imagem oficial do novo Principado"[65].

---

62. A análise que segue muito deve ao professor Fábio Faversani (Universidade Federal de Ouro Preto), com quem tive oportunidade de discutir muitos dos pontos abordados aqui.

63. Para um estudo mais detalhado sobre a organização, a política e a economia monetárias do Império Romano, consultar a obra de R. Duncan-Jones. *Money and Government in the Roman Empire*, 1998. Nesse "ensaio de história econômica", Duncan-Jones discute, primeiramente, as finanças do Império Romano como um todo e sua estrutura financeira. Aborda então o papel da moeda corrente, sua disponibilidade e a inflação monetária, incorporando análises estatísticas às evidências textuais (fontes escritas) e materiais (as moedas propriamente ditas). Embora bastante interessante do ponto de vista da análise econômica, seu estudo faz raras referências ao significado das inscrições e imagens presentes nessas moedas.

64. C. H. V. Sutherland, *Coinage in Roman Imperial Policy 31 B.C.-A.D. 68*, 1951, p. 1.

65. R. Fears, "The Cult of Virtues and Roman Imperial Ideology", 1981, p. 889.

Embora reduzidas em número, elas são escolhidas para definir o caráter do *princeps* e as condições estabelecidas pela nova ordem. Com Augusto, o sistema de emissões inspira-se na estrutura de seu Principado, período em que se renovam as atribuições das magistraturas e se concedem novos títulos ao governante. Grande parte das suas cunhagens procurou, nesse sentido, evidenciar as bases sobre as quais se fundou o seu poder, numa clara tentativa de legitimação e consolidação das mesmas. O papel das virtudes, bem como suas personificações na ideologia oficial, concorreu para que toda a cunhagem subseqüente fosse bastante afetada, de modo que cada governo podia ser nitidamente definido e sua imagem projetada para o público. Ademais, as inscrições monetárias dos Imperadores traduziam, de uma certa maneira, sua concepção de Estado e de poder, seu programa político e evergético, suas vitórias militares e suas ambições dinásticas[66].

Assim, a respeito da utilização das virtudes na cunhagem imperial júlio-claudiana, é bastante pertinente o estudo realizado por Sutherland sobre as moedas imperiais desse primeiro momento do Principado. Segundo ele, o termo *princeps*, por exemplo, nunca aparece nas moedas emitidas sob o fundador do Império, ao contrário do termo *Augustus*, usado regularmente. O mesmo acontece com a inscrição *proconsulare imperium*, nunca mencionada, embora Augusto tenha sido freqüentemente chamado de *imperator*[67]. Escassa referência é feita à *auctoritas* e à *dignitas*, sobre as quais se formava ainda a base

---

66. H. Zehnacker, "Tensions et contradictions dans l'empire au Ier siècle. Les témoignages numismatiques", em *Opposition et Résistances à l'Empire d'Auguste à Trajan*, 1986, p. 322.

67. J. Béranger também observou essas características em *Recherches sur l'aspect idéologique du principat*, 1953, p. 51.

O *DE CLEMENTIA* E SUA TEORIA DE PODER

de seu poder, embora se enfatizasse constantemente a *tribunicia potestas* que, associada aos títulos de *Caesar*, *diui filius* e, posteriormente, aos de *pontifex maximus* e *pater patriae*, conferiam a Augusto, de fato, as atribuições necessárias para exercer, em nome do povo romano e por meio do Senado, as tarefas administrativas, políticas e militares que a ele haviam sido conferidas[68].

De acordo com Augusto, um bom governante deveria observar a *uirtus*, a *clementia*, a *iustitia* e a *pietas*, seguidas da *auctoritas, potestas, corona ciuica* e o título de *pater patriae*[69]. De todas elas, entretanto, apenas a *pietas* e a *iustitia* figuram em suas cunhagens explicitamente, estando, em geral, associadas à pessoa de Lívia. Quanto às demais virtudes, aparecem implicitamente em inscrições do tipo CL.V, ou seja, *clipeus uirtutis*, as virtudes cardinais adotadas por Augusto. Aos poucos, porém, a imagem de Augusto passa a ser representada como a personificação da própria Roma, o que lhe confere, em função disso, uma grande presença entre seus súditos. Em Tibério, a apresentação dessas virtudes ganha um novo *design*, de forma a enaltecer e aclamar cada vez mais as qualidades do Imperador.

As divisas e os símbolos presentes nas moedas de Augusto e Tibério levam a crer que, em matéria de política e programa, Tibério foi, de certa maneira, leal à concepção augusteana de Principado e administração do Império[70]. Em suas legendas, ele justifica o próprio Principado ao reconhecer que deve continuar cumprindo as diretrizes traçadas por Augusto. Essa continuidade evidencia-se sobretudo pelas legendas *clementia*,

68. *Idem*, pp. 27-28.
69. G. Downey, "Tiberiana", 1975, p. 96.
70. *Idem*, p. 114 e R. Fears, *op. cit.*, 1981, p. 890.

moderatio, iustitia, pietas e *prouidentia*, que, indubitavelmente, reportavam-se à idéia do *clipeus* augusteano. A *moderatio*, por sua vez, configurou-se como uma característica própria, a qual, para a imagem pública, definia o caráter por excelência do seu Principado: a moderação do vasto poder herdado de Augusto. Dessa forma, poderia obter o reconhecimento legal e constitucional para o exercício de suas funções e garantir a *salus* na vida pública.

Ao longo dos anos, outras virtudes e personificações, além das cardinais, são incorporadas à cunhagem de moedas, assim como várias representações das ações do príncipe para com seus súditos ou mesmo de suas atividades como dirigente do Império. Assim, observa-se o aparecimento de *Aequitas, Aeternitate, Annona, Ceres, Concordia, Constantia, Felicitas, Fortuna, Honos, Libertas, Pax, Pudicitia, Salus, Securitas, Spes, Tutela, Veritas* e *Victoria*. Algumas delas eram, inclusive, objeto de culto entre os romanos (como a *Aequitas*, a *Concordia*, a *Spes*, a *Pietas* e a *Pudicitia*) ou de sacrifícios (como a *Securitas*)[71]. Segundo Michael Grant[72], essas personificações que aparecem nas emissões monetárias poderiam ser classificadas em três categorias principais, quais sejam, primeiro, a personificação concreta, acompanhada por um epíteto descritivo ou limitado, ou um genitivo singular ou plural (como, por exemplo, a *Concordia Augusti*); segundo, a personificação como virtude, ou um ideal a ser alcançado[73]; e terceiro e último, a personificação como um indivíduo específico. Em todos os casos, o

---

71. A. Wallace-Hadrill, "The Emperor and his Virtues", 1991, p. 315.
72. M. Grant, *Roman Imperial Money*, 1954, p. 154.
73. A que G. G. Belloni ("Significati Storico-politici delle Figurazioni e delle Scritte delle Monete da Augusto a Traiano", 1974, p. 1002) chama de "personificação alegórico-religiosa e alegórico-ética".

O *DE CLEMENTIA* E SUA TEORIA DE PODER

objetivo é apenas um: glorificar o regime imperial, cuja continuidade deveria ser mantida. Além disso, procuram enfatizar os atributos pessoais do soberano, dando-lhes um caráter quase sobrenatural. Isso porque o Imperador detém sua posição não apenas por suas titulaturas, mas por ser o detentor do supremo poder e por possuir qualidades. Em última instância, essas características seriam observadas pelos seus súditos como uma exigência de sua posição, já que pelas suas mãos estariam asseguradas a *Pax*, a *Concordia*, a *Felicitas*, a *Securitas*, a *Veritas* e a *Fortuna*, todas elas garantidas, a seu turno, pela sua *Victoria*, pela possessão da *Virtus* e o favor dos deuses, aos quais agradaria por intermédio de sua *Pietas*[74]. Ademais, essas virtudes eram relacionadas não apenas à figura do Imperador mas também à do próprio povo romano, já que era em nome deste que eram emitidas[75].

Assim, se sob Augusto as denominações presentes nas moedas estabelecem os direitos constitucionais do *princeps*, sob Tibério elas acabam representando as realizações e aspirações do soberano, enquanto em Calígula o que se observa é uma profunda afirmação da assimilação dos membros da família imperial às virtudes. Isso pode ser confirmado em uma moeda cunhada por volta de 37 ou 38, em que suas três irmãs (Agripina, Drusila e Júlia) apresentam-se vestidas com os atributos das deusas *Securitas*, *Concordia* e *Fortuna*, respectiva-

---

74. A. Wallace-Hadrill, *op. cit.*, 1991, pp. 315-317.
75. Especialmente a partir do governo de Nero, em que o SPQR (*senatus populusque romani*), largamente utilizado sob Augusto, passa a dar lugar ao PR (*populi romani*). Em Nero ainda, a legenda SC (*senatus consulto*), que aparece muito nas moedas dos Imperadores anteriores, passa a ser omitida num número considerável delas. Para maiores detalhes, ver D. W. MacDowall, *The Western Coinages of Nero*, 1979, p. 37.

mente[76]. Existem, além disso, algumas representações de *Pietas* e de *Vesta* que podem ser verificadas no início de seu governo (39-40) em sestércios, referindo-se aos sacrifícios que eram instituídos anualmente em honra de suas virtudes (Suetônio. Vida de Calígula XVI). Já sob Cláudio, a ênfase recai sobretudo na manutenção da *Pax*, assegurada pela *Victoria*, e na garantia da *Libertas*, por meio da utilização da *Constantia*[77].

O Principado de Nero é, por sua vez, uma das épocas mais notáveis em termos de emissões de moedas, especialmente porque é nele que se realiza uma reorganização e reforma do sistema monetário corrente[78], cujas conseqüências tiveram um efeito bastante duradouro na cunhagem imperial. Essas modificações, segundo MacDowall, teriam ocorrido em função de três fatores principais, a saber: uma administração financeira equivocada e extravagante que levou os recursos do Imperador a se esgotarem, a expansão das guerras na Bretanha e na Armênia, e, principalmente, as despesas decorrentes da reconstrução de Roma após o incêndio que destruiu mais de metade da cidade em 64[79]. Além do aumento da apreensão e do confisco de bens que relata Tácito (*Anais* XV, 45) para angariar fundos, Nero procedeu também a uma reforma monetária reduzindo o padrão ouro e prata, diminuindo o peso do *aureus* e do *denarius* e desvalorizando a prata.

Afora essa reviravolta monetária, as moedas neronianas apresentam características bastante peculiares, revelando uma

---

76. *Greek and Roman Coins*, n. 1459. Ver ainda R. Fears, *op. cit.*, 1981, p. 893.

77. C. H. V. Sutherland, *op. cit.*, p. 178 e M. Grant, *op. cit.*, p. 157.

78. Além da reforma monetária, algumas moedas passam a ser emitidas em língua grega, ao mesmo tempo em que o retrato de Nero apresenta-se mais elaborado plasticamente. Ver C. H. V. Sutherland, *op. cit.*, p. 164.

79. D. MacDowall, *op. cit.*, pp. 134-135.

significativa evolução ao longo dos catorze anos em que foram emitidas. Nesse sentido, elas podem ser classificadas em dois períodos distintos, um de 54 a 63 e outro de 64 a 68. Para uma melhor visualização do que se está procurando demonstrar, foram arroladas no quadro a seguir todas as virtudes, personificações e referências às atividades neronianas que aparecem no reverso de suas moedas, em ordem cronológica[80]. Assim, tem-se:

PERÍODO DO GOVERNO DE NERO

	54	55	56	57	58	59	60	61	62	63	64	65	66	67	68
Adlocutio[81]										x	x	x	x	x	
Annona										x	x	x	x	x	
Apollo[82]										x	x	x	x		
Ara Pacis											x	x	x		
Arco de Triunfo[83]											x	x	x	x	
Ceres	x	x	x	x	x	x	x	x	x	x	x				
Certamen[84]										x					
Concordia											x	x	x		
Congiarium[85]										x	x	x	x	x	
Corona Ciuica	x	x	x	x	x	x	x	x	x	x	x				
Decursio[86]										x	x	x	x	x	

80. São referidas apenas as moedas cunhadas na parte ocidental do Império (*aurei, denarii, sestertii, dupondii, asses, semisses* e *quadrantes* emitidas em Roma e Lungdunum), já que as orientais circulavam em outras regiões que não Roma e enfatizavam apenas os títulos e os poderes do príncipe.
81. Nero figura sozinho ou acompanhado de outros magistrados, discursando.
82. Nero aparece travestido de *Apollo citharoedus*, tocando uma lira.
83. Nero apresenta-se guiando uma quadriga e escoltado pela *Victoria* e pela *Pax*. Ao fundo, encontra-se uma estátua de Apolo.
84. Aparece em inscrições do tipo CER QVINQ ROM CO, provável referência a jogos.
85. Nero sempre aparece sentado, distribuindo larguezas a seus cidadãos. Ao fundo, por vezes, aparecem estátuas de Minerva ou da *Liberalitas*.
86. Nessas moedas Nero, em geral montado em um cavalo, é representado inspecionando soldados.

Continuação

	54	55	56	57	58	59	60	61	62	63	64	65	66	67	68
Genius									x	x	x	x	x		
Janus[87]									x	x	x	x			
Juppiter Custos									x	x	x	x	x		
Macellum									x	x	x				
Porto de Óstia									x	x	x	x			
Quadriga[88]	x	x	x	x	x	x	x	x							
Roma	x	x	x	x	x	x	x	x	x	x	x	x	x	x	x
Salus									x	x	x	x	x		
Securitas									x	x	x	x	x		
Vesta									x	x	x				
Victoria	x	x							x	x	x	x	x	x	
Virtus	x	x	x	x	x	x	x	x	x	x	x				

No primeiro período, embora a cunhagem fosse bastante prolífica, a variedade dos reversos é significativamente pequena, se comparada ao período subseqüente. Nesse período, sobressaem-se as aparições da coroa cívica, símbolo da liberdade e da restauração da autoridade senatorial, além das de *Ceres*, *Roma* e *Virtus*. O aparecimento de *Ceres* refere-se, certamente, à importância atribuída ao Imperador como provedor de benesses alimentares à população pelo *congiarium* distribuído em 57, de que se tem notícia por meio de Suetônio (*Vida de Nero* X) e de Tácito (*Anais* XIII, 31, 2), e também às distribuições de vários itens (escravos, ouro, cavalos etc.) ao público durante o festival em honra a Agripina, depois de sua morte em 59 (*História Romana* LXII, 18, 1-2). As referências a *Roma* e a *Virtus*, finalmente, dão continuidade à ideologia augusteana

---

87. O Templo de *Janus* aparece sempre ligado à inscrição PACE ou PAX. Suas portas, estando fechadas, significavam que todo o mundo estava em paz, tanto na terra como no mar. R. Syme, *The Roman Revolution*, 1960, p. 303.

88. Aparecem tendo à sua direção Augusto ou Cláudio.

O *DE CLEMENTIA* E SUA TEORIA DE PODER

(*Virtus*), ao mesmo tempo em que representam a tradição vitoriosa da *Urbe* (*Roma*).

A maioria desses reversos, portanto, acaba refletindo os acontecimentos contemporâneos. *Vesta*, por exemplo, deusa do fogo e do lar, foi provavelmente introduzida durante a reconstrução da cidade depois do incêndio de 64, assim como as aparições do Porto de Óstia, que desempenhou papel fundamental durante esse período (*Anais* XV, 39), principalmente em relação ao abastecimento da cidade[89]. *Salus, Securitas* e *Juppiter Custos* aludem provavelmente à segurança de Nero após a malsucedida conspiração de Pisão, à estabilidade universal do Império como um todo ou ainda ao seu papel de protetor dos interesses do povo romano. Outras associações podem ser feitas, por exemplo, com relação às inscrições *Certamen quinquennale*, em 62, quando Nero inaugura os *Neronia*, e às aparições de *Janus*, dos Arcos de Triunfo e das *Arae Pacis*, por ocasião da declaração de paz depois das guerras contra os partos. Além disso, são feitas várias referências à própria pessoa do Imperador, como quando Nero aparece travestido de *Apollo* ou quando se alude ao seu *Genius*[90].

Para além dessas associações, observa-se ainda que as virtudes e suas personificações continuam a figurar nas moedas neronianas como elementos constituintes das qualidades e capacitações principescas, embora sejam cada vez mais escassas (*Concordia, Securitas, Virtus, Victoria*). Outras referências, no entanto, levam à afirmação de que Nero procurou enfatizar, por meio de suas emissões, não apenas as características do

---

89. Belloni (*op. cit.*, p. 1054) faz notar que esta é a primeira vez em que uma emissão imperial incorpora um elemento extra-urbano.

90. H. Mattingly e E. Sydenham, *The Roman Imperial Coinage*, 1948, pp. 137-141.

"bom príncipe", bastante conhecidas pelos romanos. Por intermédio das personificações de *Annona* (deusa das colheitas) e *Ceres* (deusa da agricultura), das representações do *Macellum* e do Porto de Óstia, além das inscrições a respeito do *Congiarium*, pode-se inferir que Nero busca evidenciar também o seu papel de provedor de alimentos e de dinheiro junto ao povo romano, aspecto este que era, de acordo com Grant, Sutherland e Wallace-Hadrill[91], fundamental e essencial para sua posição. Essa postura, a seu turno, apenas é possível em função da *Prouidentia*, *Liberalitas* e *Aequitas* do governante, que, embora não figurem explicitamente nas moedas cunhadas sob Nero, já estavam, como observado, assimiladas pela população romana.

Esse aspecto permite a conclusão, portanto, de que as moedas não pretendiam ter um efeito propagandístico imediato[92]. A propaganda é uma conseqüência, não o fim da temática monetária. Tanto que, após a morte de um Imperador, as moedas cunhadas sob seu governo continuavam circulando por um bom tempo. Embora, evidentemente, as emissões monetárias contribuam para um certo tipo de propaganda, anunciando algo que é novo, elas certamente concretizam idéias que já fazem parte do imaginário da população. A economia monetária romana, portanto, não tendo grande liquidez, fazia com que as moedas demorassem a circular (gerando o tal efeito propagandístico), e da mesma forma, para sair de circula-

---

91. M. Grant, *op. cit.*, p. 164; C. H. V. Sutherland, *op. cit.*, p. 133; A. Wallace-Hadrill, *op. cit.*, 1991, pp. 315-316.

92. Alguns autores, todavia, (é o caso de G. Downey, *op. cit.*, p. 103) vêem nessa circulação um meio bastante eficiente de propaganda imperial, já que deveria atingir todas as esferas da população romana, em especial as massas, cuja aprovação era extremamente importante para a sustentação do poder do príncipe.

ção. Assim, parece ser adequado afirmar que as moedas buscavam mais a preservação de uma imagem do que a criação dela, visto que nelas surgiriam aqueles valores dados como já postos. Nesse sentido, Nero, da mesma forma que os demais Imperadores, não poderia querer ganhar a deferência de seus governados com a propaganda monetária, mas, no limite, se fazer lembrado, por meio do reflexo dos seus feitos ou do espírito de sua administração, como alguém que a ganhou.

Quanto ao propósito inicial dessa discussão, qual seja, o de procurar evidências da presença da *clementia* no governo de Nero, no sentido de esclarecer se a teoria política de Sêneca teria sido aplicada ou não, o que se verificou foi que a legenda *clementia* figura explicitamente apenas nas emissões monetárias de Tibério[93], não havendo qualquer menção sob o governo de Nero[94]. Se confrontado à análise anterior das fontes escritas, esse estudo das emissões monetárias sob o Principado neroniano apenas corrobora o fato de não haver elementos suficientes que comprovem a prática da orientação política proposta por Sêneca no *De Clementia*. Outrossim, confirma a originalidade da teoria senequiana, pois esta não encontra paralelos nem em nível textual, nem em nível material e também

---

93. Cunhada em 21 d.C. com a inscrição TI. CAESAR DIVI AVG. F. AVGVSTI IMP. VIII, em cujo reverso aparece a legenda CLEMENTIAE. Ver R. Fears, *op. cit.*, 1981, p. 890; G. Belloni, *op. cit.*, pp. 1005 e 1042; H. Cohen, *Description historique de monnais frappées sous l'Empire Romain communément appellées médailles impériales*, 1955, pp. 189-190; Mattingly, *op. cit.*, p. 107; D. Sear, *Roman Coins and their Values*, p. 104; e M. Grant, *op. cit.*, p. 150.

94. A única referência explícita à clemência sob o governo de Nero é feita pelos Irmãos Arvais em uma ata de 66, quando se fizeram sacrifícios à *Felicitas* e à *Clementia* em honra a Nero por ocasião da recepção de Tiridates. Ver *Acta Fratrum Arvalium*. Ed. de G. Henzen, Berlin, 1874, p. 85 *apud* R. Fears, *op. cit.*, 1981, p. 896.

que ela não dizia respeito, ao menos em uma primeira instância, à esfera administrativa do Principado de Nero, mas sim aos seus aspectos políticos e jurídicos. É certo que as moedas também contribuíram para a difusão das qualidades do governante, mas sua ênfase, pelo menos no caso de Nero, recaiu sobretudo em suas atitudes como provedor da *plebs frumentaria* (especialmente depois de 62), além das inúmeras referências aos episódios ocorridos durante seu governo.

II
Questões Gerais sobre o *De Clementia*

Historiografia

Os principais estudos sobre o *De Clementia* têm início no final do século XIX e início do XX com os trabalhos de O. Rossbach e M. Adler[1], que afirmavam ser o *De Clementia* uma obra concebida em três livros, dos quais restariam apenas o primeiro livro e parte do segundo. Opondo-se a eles, François Préchac (primeiramente em um artigo de 1913 e depois num estudo completo, em 1921[2]) propôs outra abordagem para o tratado. Segundo Préchac, o texto do *De Clementia* que os manuscritos medievais e modernos preservaram não estaria in-

---

1. O. Rossbach, *De Senecae Philosophi Librorum Recensione et Emendatione* (premissae sunt Senecae Librorum quomodo amicitia continenda sit et De uita patris reliquae), 1888; M. Adler, "Senecas schrift *De Clementia* und das fragment des Bischofs Hildebert", 1905.
2. F. Préchac, "La date du *De Clementia*", 1913, pp. 385-393 e *Sénèque – De la clémence. Introduction. Le traité De Clementia*, sa composition et sa destination, 1921.

completo, pelo contrário, a obra possuía todos os livros que Sêneca anunciara no proêmio, tratava-se apenas de reordená-los.

Por se tratar de um trabalho de grande envergadura, cujo mérito é atestado sobretudo pela análise direta dos manuscritos, a interpretação de Préchac acabou se tornando uma referência obrigatória para todos os estudiosos do tratado, que, não raras vezes, discordam de suas posições e métodos de análise.

Durante os anos que se seguiram à tese de F. Préchac, os principais trabalhos empreendidos[3] detiveram-se sobre as questões do número de livros que o *De Clementia* contém e da data de sua composição, cujo estudo tem persistido até mesmo em pesquisas mais recentes[4]. Embora as conclusões dessas análises sejam pouco inovadoras, as questões que as suscitaram são constantemente retomadas pelo fato de apresentarem importância significativa na abordagem de outros elementos, como o propósito e o alcance dos preceitos que a obra encerra.

Posteriormente, por volta da década de 1960, as pesquisas sobre o *De Clementia* passaram a enfatizar a estrutura do tratado, bem como o significado da obra no contexto histórico em que foi produzida.

---

3. E. Albertini, *La composition dans les ouvrages philosophiques de Sénèque*, 1923; L. Herrmann, "La date du *De Clementia*", 1929, pp. 94-169; F. Préchac, "La date et la composition du *De Clementia*", 1932, pp. 91-114; L. Herrmann, "Encore le *De Clementia*", 1934, pp. 353-359; L. Herrmann, "Chronologie des oeuvres en prose de Sénèque", 1937, pp. 94-112; F. Giancotti, "Il Posto della Biografia nella Problematica Senechiana. IV.1 Sfondo Storico e Data del '*De Clementia* ' ", 1954b, pp. 329-344; F. Giancotti, "Il Posto della Biografia nella Problematica Senechiana. IV.4 Stato del Texto", 1954a, pp. 597-609; F. Giancotti, "Il Posto della Biografia nella Problematica Senechiana. IV.5 Strutura del '*De Clementia* ' ", 1955, pp. 36-61; V. Capocci, "La Cronologia del *De Clementia*", 1955, pp. 61-63, entre outros.

4. Como, por exemplo, O. Zwierlein, "Zur datierung von Senecas *De Clementia*", 1996, pp. 14-32, o texto mais recente encontrado.

QUESTÕES GERAIS SOBRE O *DE CLEMENTIA*

Já no que tange ao volume de obras específicas sobre o *De Clementia*, ou seja, que o tenham como tema central, verifica-se uma grande lacuna[5]. Grande parte dos estudos é composta de pequenos artigos ou prefácios de traduções do texto latino para as línguas vernáculas[6]. Ademais, algumas análises do *De Clementia* aparecem em meio a estudos gerais sobre Sêneca e suas obras[7], sobre a literatura do período júlio-claudiano[8], bem como em obras cujo tema principal é Nero e seu governo[9]. Finalmente, há aqueles que fazem um balanço sobre todo o debate estabelecido até então sobre o tratado, como Kindler e

---

5. As únicas exceções são os livros de B. Mortureaux, *Recherches sur le 'De Clementia' de Sénèque. Vocabulaire et composition*, 1973 e de F. Weidauer, *Der Prinzipat in Senecas Schrift 'De Clementia'*, 1950. Mais recentemente, vieram a lume dois trabalhos que tiveram o *De Clementia* como obra de análise central, as dissertações de mestrado de Marcos Luís Ehrhardt, *"Vir Virtutis": A Construção da Imagem do Príncipe Perfeito nos Escritos de Lucius Seneca*, 2001 e Luciene Munhoz de Omena, *A Centralização do Poder nas Obras "De Clementia" e "Divi Claudii Apocolocyntosis"*, *de Sêneca*, 2002.

6. Como F. Préchac, *op. cit.*, 1921 e I. Braren, I. *op. cit.* (publicado posteriormente sob o título Sêneca – *Tratado sobre a Clemência*, 1990).

7. Como em P. Hochrt. *Études sur la vie de Sénèque*, s/d; A. Bourgery. *Sénèque le philosophe*, s/d; R. Waltz, *op. cit.*; M. Salomone, *Seneca e suoi Pensieri di Filosofia e di Pedagogia*, 1914; P. Grimal, *Sénèque. Sa vie, son oeuvre avec un exposé de sa philosophie*, 1948; P. Aubenque e J.-M. André, *Sénèque*, 1964; M. T. Griffin, *op. cit.*, 1976; P. Grimal, *Sénèque ou la conscience de l'empire*, 1978; V. Sorensen, *Seneca. The Humanist at the Court of Nero*, 1984; M. Armisen-Marchetti, *'Sapientiae Facies'. Étude sur les images de Sénèque*, 1989; entre outros.

8. Como em A. G. Ama Tucci, *La Letteratura di Roma Imperial*, 1947; L. Alfonsi, "Caratteristiche della Letteratura Giuglio-Claudia", 1984; J. P. Sullivan. *Literature and Politics in the Age of Nero*, 1985; V. Rudich, *Dissidence and Literature under Nero. The Price of the Rhetoricization*, 1997; entre outros.

9. Como em A. Weigall, *op. cit.*; M. Levi, *op. cit.*; E. Cizek, *op. cit.*, 1972; J. Bishop, *Nero. The Man and the Legend*, 1964; B. H. Warmington, *op. cit.*; E. Cizek, *op. cit.*, 1982; M. T. Griffin, *op. cit.*, 1984; G. Achard, *op. cit.*; entre outros.

Mortureaux[10], afora algumas "cronologias bibliográficas", que apresentam toda a produção existente sobre as obras de Sêneca, entre elas o *De Clementia*[11].

Nos próximos itens, procurar-se-á traçar o caminho percorrido por essa historiografia, observando os pontos de encontro e desencontro das pesquisas efetivadas, de forma a obter um panorama geral de toda essa produção. Esse balanço é relevante na medida em que esclarece, dentre outros aspectos, os principais temas de discussão propostos acerca do *De Clementia*, o que possibilita, além do aprofundamento do estudo que ora se apresenta, a observação de algumas interpretações, ainda por ser verificadas.

Parece não haver dúvidas de que o *De Clementia* tenha sido escrito no início do governo de Nero. O que não se sabe precisar realmente é se teria sido escrito antes ou depois da morte de Britânico, comumente atribuída a Nero pela historiografia[12]. Para muitos estudiosos, parece inconcebível Sêneca ter redigido a obra depois da morte de Britânico ao mesmo tempo em que tece elogios à inocência de Nero (*De Clem.* I, 1, 5) e por ele nunca ter cometido crime algum (*De Clem.* I, 11, 2-3). De acordo com o texto tradicional, qual seja, "[...] quando tinha a idade que tu tens agora, tendo passado o seu décimo oitavo ano

10. L. Kindler, "Problemas de Composition y Estructura en el *De Clementia* de Seneca", 1966, pp. 39-60 e B. Mortureaux, "Les idéaux stoïciens et les premières responsabilités politiques: le *De Clementia*", 1989, pp. 1639-1685.

11. Como K. Abel, "Seneca. Leben und Leistung", 1985 e F.-R. Chaumartin, "Quarante ans de recherches sur les oeuvres philosophiques de Sénèque (Bibliographie 1945-1985)", 1989.

12. P. Grimal, *op. cit.*, 1978, pp. 123 e 189; M. T. Griffin, *op. cit.*, 1976, pp. 134-136; G. Achard, *op. cit.*, pp. 31-34; E. Cizek, *op. cit.*, 1972, pp. 89-91; E. Cizek, *op. cit.*, 1982, pp. 54 e 68, nota 25; E. Cizek, "Britannicus a-t-il été empoisonné?", 1999, pp. 173-183; P. Somville, "Le poison de Britannicus", 1999, pp. 255-258.

QUESTÕES GERAIS SOBRE O *DE CLEMENTIA*

[...]" (*De Clem*. I, 9, 1, tradução de I. Braren[13]), Nero teria a idade de Augusto, isto é, dezoito anos completos (Nero nasceu em 15 de dezembro de 37 segundo Suetônio, Vida de Nero VI, 1), quando Sêneca escreve a obra, portanto, infere-se que ela tenha sido escrita depois de 15 de dezembro de 55. Esse é justamente o problema, já que em dezembro de 55 Britânico já estava morto (mais precisamente antes de 13 de fevereiro, data em que completaria catorze anos e receberia a *toga uirilis*, ameaçando, assim, a posição de Nero como Imperador [ver Tácito. *Anais* XIII, 15-16]). A fim de solucionar esse embate, que compromete a credibilidade de Sêneca, foram propostas várias correções do trecho em questão, ora em defesa do filósofo – pelo fato de não querer arriscar sua reputação ao proclamar inocente um assassino –, ora em defesa de suas intenções, já que ele, supondo que tivesse conhecimento do fratricídio[14], visava a prender Nero à virtude da clemência, evitando assim que novas mortes se acrescentassem à de Britânico.

O primeiro a tentar desfazer a incongruência do texto face à realidade histórica foi F. Préchac. Ele observou que os episódios referentes à vida de Augusto, na seqüência do texto (*De Clem*. I, 9, 1), não se deram quando ele tinha dezoito anos[15].

---

13. Todas as traduções dos trechos do *De Clementia* citados neste livro são de Ingeborg Braren, *op. cit*., 1985.

14. E. Albertini, *op. cit*., p. 27 e L. Herrmann, *op. cit*., 1929, pp. 97 e 103. Herrmann propõe uma outra data para a composição do *De Clementia* (entre 15 de dezembro de 57 e 15 de dezembro de 58). Embora a data esteja fixada depois da morte de Britânico, o autor acredita que ela tivesse a intenção de convencer Nero a não se deixar corromper.

15. Os episódios mencionados por Sêneca sugerem que Augusto, "[...] passado o seu décimo oitavo ano [...], já tinha enterrado o punhal no peito de seus amigos, já tinha procurado golpear traiçoeiramente o flanco do cônsul Marco Antônio, já tinha sido seu colega de proscrições" (*De Clem*. I, 9, 1). Ora, é sabido que esses

Em vista disso, sugeriu que o manuscrito chamado *Nazarianus*[16], que contém o texto do *De Clementia*, fora corrompido pelo copista "inconscientemente", falsificando o documento. Propôs então um acréscimo no interior do numeral que revela a idade de Augusto: *duodeuicen<simun annum ingressus. Vicen>simum* ("[...] tendo começado seu décimo oitavo ano de vida. Tendo passado seu vigésimo ano [...]")[17], de forma que Nero passava a ter dezessete anos ("[...] tinha começado seu décimo oitavo ano [...]") e Augusto saía de seu vigésimo ano. A obra, assim, teria sido elaborada antes da morte de Britânico, isentando Sêneca de quaisquer responsabilidades morais, ao mesmo tempo em que corrige os eventos relacionados à vida de Augusto, conferindo-lhes uma data correta.

A correção feita por Préchac, no entanto, apresenta-se como arbitrária para Albertini[18], para quem a inexatidão histórica no tocante aos episódios da vida de Augusto não é importante, já que a intenção de Sêneca era salientar o contraste entre a crueldade de Augusto e a clemência de Nero. Para ele, o planejamento do assassinato não era de conhecimento de Sêneca, nem seria provável que o tivesse aconselhado. Mas uma vez efetuado o homicídio, Sêneca procurou a saída que melhor lhe pareceu para não perder sua autoridade sobre Nero,

---

fatos se deram, respectivamente, em 43, 44 e 43 a.C. (J.-P. Néraudeau, *op. cit.*, pp. 71-72 e 83-90) e que Augusto nasceu em 23 de setembro de 63 a.C. (Suetônio, Vida de Augusto V), portanto, tinha mais de vinte anos quando daqueles acontecimentos.

16. Para maiores esclarecimentos a respeito dos manuscritos que contêm o *De Clementia*, consultar F. Préchac, *op. cit.*, 1921, pp. VI-LXXII.

17. F. Préchac, *op. cit.*, 1921, p. CXXVI.

18. E. Albertini, *op. cit.*, p. 27.

QUESTÕES GERAIS SOBRE O *DE CLEMENTIA*

ou seja, apoiou a versão oficial, segundo a qual Britânico morrera de forma natural.

F. Giancotti[19], por sua vez, propôs uma pontuação diferente (logo após *duodeuicensimum egressus annum*), de forma a que uma nova oração surgisse. Assim, poderiam se distinguir dois períodos de tempo diferentes, quais sejam, o da época de Nero e aquela de Augusto, contrapondo, desse modo, não apenas os dois Principados, mas também as atitudes de ambos os príncipes em idades bastante próximas, porém distintas.

W. Richter[20], por seu turno, também acreditava que a inexatidão dos fatos históricos apresentados por Sêneca em relação aos episódios da vida de Augusto devia-se a um erro do copista medieval (na hipótese de o tratado ter sido escrito antes da morte de Britânico). Sua interferência nos textos, todavia, é diferente daquela de Préchac. Ele substitui o termo *duoceuincensimum* por *deinde uincensimum*, dando a entender assim que apenas depois de ter completado vinte anos é que Augusto teria dado livre curso a seus crimes. Essa solução foi contestada prontamente por H. Füchs, que sugeriu a substituição de *deinde* por *nondum*[21].

A discussão continua com M. T. Griffin[22], que não concorda com qualquer uma das correções propostas. Segundo ela, o importante para Sêneca era o contraste entre as atitudes de Nero e de Augusto, que se acentua sobretudo pelo uso do termo *senex* (*De Clem.* I, 9, 1), utilizado para caracterizar um

---

19. F. Giancotti. *op. cit.*, IV.1, 1954.
20. W. Richter, "Das Problem der Datierung von Seneca *De Clementia*" *apud* I. Braren, *op. cit.*, 1985, p. 27.
21. H. Fuchs, "Zu Seneca *De Clementia* I, 9, 1", p. 378 *apud* I. Braren, *op. cit.*, 1985, p. 29.
22. M. T. Griffin, *op. cit.*, 1976, pp. 407-411.

IMAGENS DO PODER EM SÊNECA

Augusto de apenas quarenta anos, segundo a versão tradicional do texto.

Já P. Grimal[23] não vê problema algum em datar a obra a partir da idade de Nero (dezoito anos). Acrescenta inclusive observações de outras circunstâncias que corroboram sua afirmação. Dentre elas destaca-se o título de *pater patriae*, a que se faz alusão em *De Clem.* I, 14, 2, mas pelo qual Nero ainda não havia sido aclamado. Para Grimal, o título seria outorgado a Nero no final de 55 ou começo de 56, por ocasião das festas da *nuncupatio uotorum*, ocasião em que o príncipe fazia declarações aos romanos. Para justificar tal afirmação, Grimal tem a seu favor Suetônio (Vida de Nero VIII), segundo o qual Nero recusara esse título em 54, quando foi aclamado Imperador, devido à sua pouca idade. Tácito, no entanto, acreditava que Nero o recusara por ocasião de seu aniversário em 55 (*Anais* XIII, 10), pois não permitiu que o início do ano fosse transposto para o mês em que fazia anos, como era costume então. O relato de Tácito, por sua vez, daria respaldo à tese de L. Herrmann[24], para quem Nero receberia o título apenas no início de 57, por ocasião de seu consulado com Pisão, ou, então, em 58, quando as vitórias de Corbulão valeram-lhe inúmeras honras (*Anais* XIII, 41).

A tendência geral desses estudos, pelo que se pode observar, é atribuir a elaboração do *De Clementia* a um período posterior ao do assassinato de Britânico, mesmo sendo a data inoportuna, pois, como visto, compromete a idoneidade de Sêneca. É I. Braren[25] quem atenta, contudo, para duas infor-

---

23. P. Grimal, *op. cit.*, 1978, p. 120.
24. L. Herrmann. *op. cit.*, 1929, p. 98.
25. I. Braren. *op. cit.*, 1985, pp. 30-32.

mações veladas na obra, que parecem estabelecer alguma relação com o assassinato. A primeira delas encontra-se em *De Clem.* I, 19, 3-4, e a outra em *De Clem.* I, 25, 5. Na primeira passagem, Sêneca refere-se às abelhas e ao fato de terem apenas um aguilhão, de modo a não poderem "[...] fazer mal mais do que uma só vez [...]", não empregando "[...] forças alheias para manifestar os seus ódios". Na segunda, alude ao doente que "[...] não perturba nem mesmo o seu lar". Nos dois casos, Braren observa "admoestações disfarçadas" de Sêneca a Nero por causa da morte de Britânico. Para ela, Sêneca procura "repreender e conter" o jovem Imperador, aceitando que se pode errar e perdoar apenas uma única vez.

De um modo geral, nenhum dos estudos apresentados conseguiu elucidar verdadeiramente a questão da data de composição do tratado. Suas informações, por vezes precisas, recorrem ora a procedimentos pouco usuais (como as interferências textuais propostas por Préchac, Richter e Füchs), ora a especulações sobre o texto (como Grimal e Braren). Se se considerar o texto tradicional tal qual ele se apresenta, deve-se admitir que teria sido escrito entre o fim de 55 ou no decorrer de 56, e que as imprecisões nas quais Sêneca incorre ou são propositais ou, ainda, objetos de preocupação menor de sua parte, já que, ao final, o objetivo mesmo era o contraste entre a crueldade de Augusto e a clemência de Nero.

Sobre a Questão das Partes do De Clementia

O estado do texto latino, por sua vez, sempre provocou uma polêmica mais acirrada. Estaria ele completo, com todos os seus três livros, na forma em que foi preservado (tese defendida por F. Préchac[26]), ou incompleto?[27] Neste último caso, teria sido concluído ou simplesmente abandonado por não ter atingido os objetivos de Sêneca antes de seu término?[28] O proêmio da obra indica originalmente a existência de três livros distintos: a palavra ou conjunto de palavras que identificariam o conteúdo do primeiro livro estão mutiladas, restando apenas um enigmático *manumissionis*; o segundo livro discorreria sobre a natureza e as delimitações da clemência; enquanto o terceiro e último trataria de ensinar, por meio de conselhos, como chegar até a clemência. Desses três livros anunciados, apenas o primeiro, e parte do segundo, foram conservados (texto tradicional); do livro III nada teria restado. Para F. Préchac, no entanto, a obra estaria completa, tratava-se apenas de reordenar os livros de modo que pudessem apresentar o texto tradicional. Assim, transpôs o livro II, de sua posição original, para o interior do livro I, logo depois do sumário, dividindo a seguir este mesmo segundo livro em dois, de forma a obter uma primeira e uma segunda partes. O terceiro livro de sua tese é

26. F. Préchac, *op. cit.*, 1921, p. LXXV. O trabalho de Préchac, como já se fez notar, apesar das objeções que a maioria dos estudiosos lhe faz, é bastante importante, pois tem o mérito de estar apoiado num estudo sistemático dos manuscritos medievais e modernos.

27. Entre os adeptos dessa hipótese encontram-se E. Albertini (*op. cit.*, p. 73), P. Faider (*Sénèque. De la clémence*. I: Introduction et texte, 1928) e A. Kindler (*op. cit.*, p. 58), entre outros.

28. Hipótese levantada por M. T. Griffin (*op. cit.*, 1976) por não acreditar que Sêneca despenderia mais esforços com o tratado diante das atrocidades cometidas por Nero. Essa possibilidade foi também aventada por T. Adam (*Clementia Principis* [der Einfluss hellenist. Fürstenspiegel auf d. Versch. e. rechtl. Fundierung d. Principats. durch Seneca] *apud* I. Braren, *op. cit.*, 1985, p. 19). Para Griffin, no entanto, a redação do tratado foi abandonada pelo fato de Sêneca ter apresentado dois conceitos diferentes e conflitantes nos dois livros (político no livro I e jurídico no livro II) que não soube harmonizar.

QUESTÕES GERAIS SOBRE O *DE CLEMENTIA*

justamente o livro I, completo, do texto original. O problema, então, aparentemente resolvido, estaria eliminado não fosse a mutilação a que se referiu anteriormente. Como explicá-la? Préchac[29] propõe duas alternativas: a primeira[30], *manu missionis = tui animi<remi>ssionis = remissio animi*, ou seja, "tensão moral", supõe um genitivo explicativo; já a segunda, *manu missionis = manu mIssimi N(er)o(n)is = humanissimi Neronis*, isto é, "da grande humanidade de Nero", um genitivo de dedicatória. Sua opção recaiu sobre a segunda recomposição, já que a primeira, a seu ver, não se aplicava ao conteúdo do texto. Essa nova "cirurgia" filológica, portanto, além de solucionar o significado dos termos mutilados, resolvia também a questão da tripartição da obra, anunciada no proêmio. De acordo com essa hipótese, então, o texto do *De Clementia* estaria completo, pois cada um dos livros remanescentes propostos por Préchac correspondia ao sumário contido no proêmio original.

Essa tese tem sido, desde então, bastante contestada pelos estudiosos do *De Clementia*. Uns não concordam com a correspondência dos temas e dos livros propostos (Albertini, Führmann, Kindler, Mortureaux, Grimal[31]); outros propõem novas leituras da mutilação de *manu missionis* (Herrmann, Büchner[32]); havendo ainda, finalmente, os que simplesmente

---

29. F. Préchac, *op. cit.*, 1921, pp. XCII-XCVIII.

30. Segundo Préchac, o termo latino *manu* estaria nitidamente separado de *missionis*. Ver F. Préchac, *op. cit.*, 1921, p. XCVII.

31. E. Albertini, *op. cit.*; M. Führmann, "Die Alleinherrschaft und das Problem der Gerechtigkeit (Seneca: *De Clementia*)" apud I. Braren, *op. cit.*, 1985, p. 17; L. Kindler, *op. cit.*, pp. 39-60; B. Mortureaux, *op. cit.*, 1973, p. 11 e *op. cit.*, 1989, p. 1647; e P. Grimal, *op. cit.*, 1978, p. 121.

32. L. Herrmann, *op. cit.*, 1934, pp. 94-103 e K. Büchner, "Aufbau und Sinn von Seneca Schrift über die *Clementia*" apud I. Braren, *op. cit.*, 1985, p. 18.

não dão grande importância à reconstrução daquelas palavras (Giancotti[33]) por acreditar que o tema da primeira parte pode ser inferido a partir do próprio texto. Além disso, a hipótese de Préchac apresenta pontos falhos, como a determinação das três partes, estranhamente desiguais (duas, sete e 32 páginas na edição da Les Belles Lettres, só para se ter uma idéia), o que contraria as regras conhecidas da retórica da época[34]. Além disso, o texto, disposto nessa ordem, perde muito do seu sentido original, pois compromete a ordem dos exemplos propostos e a lógica argumentativa de Sêneca, analisados mais atentamente no próximo capítulo.

Assim, embora não se possa saber ao certo se o texto do *De Clementia* esteja em parte perdido ou mesmo se ele não tenha sido terminado, por meio dos estudos anteriormente apontados é possível verificar a incoerência das hipóteses de Préchac, ao mesmo tempo em que se avança nos estudos da obra e de seus significados.

Gênero

Os teóricos do pensamento político antigo sempre estiveram preocupados com o problema da justificação do poder político e, em vista disso, seus principais temas giravam em torno do poder, do bom governo e da própria relação dos filósofos com essas questões. Na época das monarquias helenísticas (século IV a.C.), esse tipo de reflexão tomou especial relevância, pois é nessa época que se dá a fusão da cultura grega com

---

33. F. Giancotti, *op. cit.*, 1954*b*, pp. 597-609.
34. B. Mortureaux, *op. cit.*, 1989, p. 1647. Nesse sentido, é interessante observar ainda que Sêneca já havia concluído uma obra seguindo aqueles padrões, o *De Ira*.

QUESTÕES GERAIS SOBRE O *DE CLEMENTIA*

as práticas orientais, o que, no âmbito político, significava a incorporação da noção de uma monarquia absoluta, cujo governante se configura como um rei divinizado. Fundamentando-se, portanto, "no personalismo individualista e no universalismo cosmopolita", essa nova concepção transfere os vínculos que uniam o homem à *polis*, para os vínculos do homem à figura do monarca. Isso acabou gerando uma certa "crise de identidade", a que os filósofos das cidades, em especial os estóicos, procuraram resolver "adequando os conhecimentos que detinham com relação ao governo das cidades às necessidades da realidade política que viviam"[35].

Preocupados ainda com o problema posto pela generalização dos reis depois de Alexandre, o Grande, e diante da incapacidade das cidades gregas em enfrentar a grande crise social que as atingia, os filósofos estóicos passaram então a aconselhar os seus governantes elaborando tratados sobre a boa gestão do Estado a fim de direcionar as virtudes do bom soberano em favor da cidade[36].

Mais comumente chamados de tratados sobre a realeza, essas obras também ficaram conhecidas pelo nome de "espelhos de príncipes"[37]. Tal nomenclatura, tomada ao objeto mesmo,

35. M. J. H. de la Vega, *El Intelectual, la Realeza y el Poder Político en el Impero Romano*, 1995, p. 36.

36. J. Sirinelli, *Les enfants d'Alexandre. La littérature et la pensée grecques (331 av. J. C.-519 ap. J.C.)*, p. 256. Também P. Grimal ("Les éléments philosophiques dans l'idée de monarchie à Rome à la fin de la république", 1985, pp. 245-246) vê nesses tratados uma expressão de "ação", ao contrário de R. I. Winton e P. Garnsey ("Political Theory", 1981, pp. 60-61), para quem os tratados sobre a realeza não passavam de "obras de adulação, de análises pouco sérias", não tendo sido escritas no "espírito de Aristóteles", ou seja, "como uma primeira reação à chegada dos grandes Estados e à morte da *polis* livre".

37. Um dos mais antigos de que se tem notícia é o de Teofrasto (372-287 a.C.). E. R.

o espelho, aproximava, de certa forma, os objetivos de ambos, pois enquanto os espelhos têm como finalidade "permitir ao homem observar, ainda que indiretamente, aquilo que não pode ser observado diretamente"[38], os espelhos de príncipe tinham como fim mostrar ao governante, por meio dos mais diversos exemplos, como a sua ação poderia vir em benefício daqueles cuja vontade lhe pertencia. Embora o termo "espelho" propriamente dito não apareça nos textos, os inúmeros exemplos citados e a serem tomados como tal mostram a matéria do que está sendo tratado.

Além de um instrumento de visão indireta, o espelho – e conseqüentemente, por aproximação, o espelho de príncipe – pode ser considerado também como um instrumento de conhecimento de si mesmo, uma vez que permite ao homem a observação daquilo que ele realmente é e, portanto, do que ele

Goodenough, "The Political Philosophy of Hellenistic Kingship", p. 53 *apud* M. Pena, *op. cit.*, p. 36. A partir da obra de Diógenes Laércio (Livro V, Teofrasto, cap. 4) a obra supracitada poderia ser *Sobre o Reinar, Sobre a Instituição do Rei, Sobre a Política* ou, ainda, *Sobre o Reino*, esta última endereçada a Cassandro, rei da Macedônia. Pouco se sabe sobre cada uma delas, pois não foram preservadas, a não ser por meio de notícias de outros autores, daí a imprecisão em apontar qual seria realmente a obra em pauta.

Também Cleantes, Perseu (estóicos) e Epicuro escreveram tratados sobre a realeza, mas eles não foram preservados (R. I. Winton e P. Garnsey, *op. cit.*, pp. 60-61), ao contrário daqueles produzidos por Isócrates (*Discurso a Nécocles*), Xenofonte (*Ciropédia*) e Aristeu (*Carta a Filócrates*), por exemplo. A tradição dos "espelhos de príncipes" perdurou ainda no período romano, com Dião Crisóstomo, que compôs quatro discursos intitulados *Sobre a Realeza*; no período bizantino, com Agapito (526 d.C.), que dirigiu uma exortação ao imperador Justiniano quando de sua ascensão ao trono; e também no século IX, com Fócio. Ver M. H. U. Prieto, *Política e Ética. Textos de Isócrates*, 1989, pp. 14 e 24.

38. E. M. Jósson, *Le miroir. Naissance d'un genre littéraire*, 1990, p. 34.

QUESTÕES GERAIS SOBRE O *DE CLEMENTIA*

deve fazer. Sócrates[39] mesmo já dizia que o espelho, ao ser definido como um objeto de autoconhecimento, deveria levar o homem a um aperfeiçoamento moral, pois ao perceber sua verdadeira aparência física, o homem, ou deveria agir em conformidade com ela ou, então, compensar, no plano moral, aquilo que eventualmente lhe faltasse fisicamente. De toda forma, o espelho deveria comportar-se como um meio de conhecimento para aquele que nele se refletisse, seja do mundo exterior, seja de si mesmo.

Se, por um lado, o espelho é um instrumento de aperfeiçoamento moral, por outro lado ele reflete não apenas a imagem da realidade a ser corrigida, mas também a imagem ideal que torna possível a correção. Ou seja, projetando não somente o que é, mas igualmente o que pode vir a ser, o espelho pode, nesse contexto, ser considerado também como um modelo a ser seguido. Em alguns textos é o homem virtuoso que serve de espelho-modelo para os outros, tal como Cipião, em Cícero, "ao apresentar o espelho de sua vida aos cidadãos"[40], ou mesmo no *De Clementia*, em que Sêneca se dispõe ele próprio a servir de "espelho" a Nero.

Expressão, portanto, das ambigüidades e dos conflitos que perpassaram o período helenístico, e mesmo da discussão teórica que se desenvolveu nesse período sobre a monarquia, os espelhos de príncipe procuravam definir as qualidades do soberano e de seu poder real, prescrevendo a monarquia como modelo político de governo ideal. O soberano neles descrito era dotado de poderes ilimitados, era, verdadeiramente, um rei-providencial, reunindo as melhores qualidades militares,

39. *Idem*, p. 48.
40. *Idem*, p. 84.

políticas, intelectuais e morais. Ele era ainda associado a virtudes cómo "a justiça (no campo político), a moderação e a clemência"[41], as quais deveriam estar ligadas, obrigatoriamente, ao conhecimento da ciência do bem e do mal, *conditio sine qua non* para o exercício do poder, segundo os primeiros estóicos. A justiça era o princípio diretor de todas as ações e da virtude humana e sua função era harmonizar a convivência de diferentes povos; a moderação deveria ser demonstrada em relação a todos os homens, de modo a também harmonizar a convivência; e a clemência asseguraria a unidade do Estado e a boa fama do rei em suas decisões. O soberano receberia sua autoridade e direção sobre os súditos, no entanto, como obséquio de uma instância superior, os deuses, aos quais deve imitar para poder exercer um governo justo.

Sendo a realeza, nesse sentido, uma instituição de direito divino, o monarca, finalmente, seria a imagem de Deus governando o mundo, aquele que realiza sua missão em conformidade com os desígnios divinos. Portanto, a justificativa do poder monárquico e, conseqüentemente, sua legitimidade, vinha preludida em um horizonte extraconstitucional, relacionada com a especial natureza do rei e suas virtudes morais, isto é, mais do que a via institucional do poder delegado a ele, eram as suas características pessoais que realmente contavam.

Se, dessa forma, na teoria do estoicismo a sabedoria correspondia ao poder divino, na prática, a verdadeira sabedoria também deveria coincidir com a divina, e o governante, tido

---

41. E. Erskine, *The Hellenistic Stoa. Political Thought and Action*, 1990, p. 73. Na *Carta a Filócrates*, de Aristeu, escrita entre 175-170 a.C. e tida como um tratado sobre a realeza, as principais virtudes do rei são a clemência (identificada com o termo *epieikeia*), a justiça (*dikaiosyne*) e a benevolência (*euergesía, eunoía*).

QUESTÕES GERAIS SOBRE O *DE CLEMENTIA*

aqui como um homem sábio, haveria de desejar aquilo que "Deus" ou o destino, em sua própria sabedoria, houvesse disposto para ele. A dialética que se coloca aqui, enfim, em relação à liberdade, um dos atributos fundamentais da cidade, e a soberania do monarca, resolvia-se sempre em proveito do governante e de seu livre-arbítrio, pois seu poder era o único elemento de unidade. Para superar essa contradição, os estóicos criariam então "um novo conceito filosófico: o dever"[42]. O príncipe retratado no *De Clementia*, do mesmo modo, também possui aquele livre-arbítrio, mas seu dever inelidível para com os seus governados obriga-o a empregar seu alvedrio de maneira a se aproximar da vontade divina da qual é representante.

O que se conclui então é que o ponto central de toda a teoria estóica sobre o melhor governo concentrava-se na idéia de virtude: sem ela não seria possível a paz, a coesão social, ou o cumprimento das leis da natureza. De sua prática, portanto, adviria a harmonia com o poder, daí a insistência nos exemplos que o rei virtuoso deveria seguir para melhor proceder.

O *De Clementia*, por sua vez, apresenta uma teoria do poder imperial inspirada nesses ensinamentos, configurando-se claramente, pois, como um "espelho de príncipe"[43]: logo no

---

42. G. T. Griffith e W. Tarn, *La Civilización Helenística*, 1982, p. 249.

43. Por suas características de estilo e composição, no entanto, alguns autores classificam o *De Clementia* como uma diatribe ou um dialogismo. No primeiro caso enquadram-se E. J. Kenney (ed.), *The Cambridge History of Classical Literature*. Latin Literature (II), 1982. A diatribe – homilia moral dirigida a um ou mais ouvintes – apresentava-se sob a forma de máximas e sentenças que se popularizavam relativamente. Ligada à escola cínica, seu tom era voluntariamente brusco, "pois procurava chamar a atenção do auditório pelos seus ímpetos realistas" (ver A. J. Festugière, "Le logos hérmetique d'enseignment", 1942, pp. 78-79). Seu objetivo era sobretudo converter o ouvinte por meio de exemplos tirados do co-

início do tratado, Sêneca convida Nero a uma introspecção, de modo que possa encontrar nele, Sêneca, o reflexo do sábio, a quem o bom governante deve imitar. Inspirado então nessa visão, Nero perceberá não apenas a realidade que ele conhece, qual seja, a de que ele tem um poder imenso, mas sobretudo o que ele poderá se tornar dependendo de seu comportamento: um verdadeiro rei ou um tirano. Aqui, portanto, a relação entre o espelho e a imagem personaliza-se, pois se transforma tanto na vida real como na idealizada, isto é, na relação existente entre preceptor e aluno: é Sêneca quem vai desempenhar o papel de espelho para mostrar a Nero como ele haveria "de vir para a maior de todas as satisfações" (*De Clem.* I, 1, 1).

Na seqüência do tratado, Sêneca dedica-se às vantagens pessoais que Nero retira do uso da clemência, quais sejam, glória, reconhecimento e afeição. Expõe, portanto, sua condição principesca, da qual resulta a necessidade de ser clemente. A argumentação que segue comporta, por sua vez, dois planos: um que define a função do príncipe e outro que precisa a sua responsabilidade, de modo a evidenciar a associação indissolúvel do governante e dos governados. Sêneca passa então a mostrar a Nero a utilidade da clemência, necessária também, entre outras coisas, porque garante a segurança do príncipe. Para tanto, vale-se de uma série de exemplos que enumeram

---

tidiano, divulgando assim uma doutrina ou fazendo propaganda de determinada moral. Não seria o caso, portanto, do *De Clementia*. Segundo E. Albertini (*op. cit.*, pp. 304-307), "a diatribe implica a superioridade do conferencista sobre o auditório", o que, sem dúvida, seria um grande inconveniente, sendo obra destinada ao imperador.

No caso do dialogismo, o autor discorre sobre questões morais em forma de diálogos, no qual se verifica o estabelecimento de uma "arte" de praticar as virtudes, como existe no *De Tranquillitate Animi* e no *De Constantia Sapientis*, por exemplo (ver R. Martin e J. Gaillard, *Les genres littéraires à Rome*, 1984).

as diversas formas de autoridade, seja a de um homem sobre outro (a do pai em relação aos filhos, a do professor em relação aos alunos e a do centurião em relação a seus soldados), seja do homem sobre um animal (a do mestre domador, a do caçador e a do condutor de mulas). A acumulação de exemplos é substituída enfim por um exame metódico dos motivos que devem levar o príncipe à indulgência. Faz-se alusão, por fim, às punições que o príncipe deve empreender, procurando distinguir entre severidade e crueldade. Apesar de incompleto, o segundo livro, que segue, revela uma seqüência de temas que retoma a estrutura do primeiro.

Seguindo então a tradição dos espelhos de príncipe, Sêneca desenvolve uma teoria que converte o despotismo em monarquia, tornando, por meio do absolutismo moral do estoicismo, o absolutismo político aceitável, desde que a moralidade e a política se unam e que o rei virtuoso possa ser um diretor espiritual poderoso, modelo para seus governados.

Embora pouco presente na tradição romana, o gênero adotado por Sêneca certamente está ligado às circunstâncias históricas nas quais o tratado foi redigido e aos propósitos a serem atingidos pelo filósofo. Tal como na época helenística, quando urgia uma resposta aos problemas das cidades gregas, o período em que Sêneca escreve – início do governo de Nero, ou, mais amplamente, o início do Principado romano – caracteriza-se como uma época na qual poucas reflexões políticas são desenvolvidas. Sob o império, os problemas políticos tornam-se problemas individuais: tudo depende diretamente das relações entre os cidadãos e um único homem, o príncipe; e o regime constitucional adotado já não é tão amplamente combatido, pois o que se contesta agora é o governo do indivíduo, do príncipe[44], do qual, não raras vezes, se quer se desembaraçar. Esse príncipe, por sua vez, deveria se configurar como o elemento de ordenação pública, de forma a não permitir a desagregação de suas forças. Em função, portanto, desse imperativo que a realidade imperial exprimia, Sêneca encontrou no Principado uma oportunidade para um rei ideal governar. Admitindo no Imperador a realeza, sentiu-se hábil, então, para empreender discussões sobre a monarquia, utilizando as teorias políticas helenísticas[45] e um de seus mais caros instrumentos: os espelhos de príncipe.

BASES FILOSÓFICAS

Para Platão, o governo do Estado ideal por ele formulado deveria ser entregue aos filósofos, já que estes, orientados pelo conhecimento, seriam os únicos com capacidade de abolir a "incompetência e o faccionismo de políticos ignorantes e egoístas". Na descrição que faz desse governo na *República*, identifica-o como uma monarquia ou uma aristocracia, pois para ele, tanto um como o outro termo dizia respeito à mesma forma de organização política. Independente da denominação que tivesse, entretanto, tratava-se de um governo absoluto, "sem os limites dados por quaisquer leis escritas"[46]. Uma

---

44. A. Michel (*La philosophie politique à Rome d'Auguste à Marc Aurèle*, 1969, p. 50) corrobora essa afirmação: "sob o império os problemas políticos tornam-se problemas individuais: tudo depende diretamente das relações entre o cidadão e um homem, o príncipe".

45. J. M. Rist, "Seneca and the Stoic Orthodoxy", 1989, pp. 2006-2007. Aos olhos de Sêneca, no entanto, as monarquias helenísticas não eram constituições ideais, mas as "menos piores" possíveis (ver A. Michel, *op. cit.*, p. 193).

46. E. Barker, *Teoria Política Grega*, 1983, pp. 196-197. Nas *Leis*, entretanto, Platão

vez no poder, esse rei-filósofo deveria preservar o Estado em "equilíbrio estático", respeitando seus princípios básicos e sem alterá-lo de modo arbitrário. Além disso, deveria garantir sua unidade e auto-suficiência, observando a regra da justiça para o bem da coletividade e da própria *polis*.

Aristóteles, a seu turno, considerava que se deveria respeitar o modo pelo qual a comunidade define a participação de seus membros no poder. Nesse sentido, dependendo do que a *polis* mais valorizasse, os regimes políticos variariam em função do valor mais respeitado por seus cidadãos[47]. O bem desses indivíduos, todavia, deveria estar subordinado ao que fosse melhor para a cidade, por isso, mesmo que os interesses de ambos coincidissem, conhecer e salvaguardar o bem da *polis* seria o mais importante. Assim, a concepção política de Aristóteles caracteriza-se, ao mesmo tempo, como sendo conservadora e reformadora: conservadora na medida em que o homem de Estado deveria salvaguardar as instituições nacionais; e reformadora no sentido de que essas instituições deveriam ser adaptadas conforme as circunstâncias[48], a fim de que a cidade pudesse enfrentar os perigos à medida que eles se apresentassem. No pensamento de Aristóteles ainda, havia uma assimilação muito grande entre a vida das cidades e a dos seres vivos, daí a existência do sentimento de fragilidade das instituições e de vida e morte dos Estados. O maior perigo a que

---

concilia a monarquia e a aristocracia, ou seja, o princípio da sapiência com o princípio da liberdade. O governo, nesse caso, possui uma constituição mista e deve estar subordinado às leis, embora ainda deva ser regido pela sabedoria.

47. M. Chauí, *Convite à Filosofia*, 1994, pp. 380-383.

48. Ver ainda M. Ducos, *Les Romains et la Loi*. Recherches sur les rapports de la philosophie grecque et de la tradition romaine à la fin de la République, 1993, p. 324.

esses Estados estariam sujeitos, segundo o estagirita, residia na discórdia entre seus cidadãos, que enfraquecia a cidade, levava-a à guerra civil e, em função disso, permitia, finalmente, que fosse atingida por inimigos externos. Era necessário, pois, manter a concórdia e a união entre os diferentes elementos da cidade a fim de que o todo social não perecesse.

Se pela teoria de Platão, portanto, chegar à política legítima e justa só seria possível educando os governantes, para Aristóteles essa legitimidade apenas seria alcançada se as instituições do Estado tivessem qualidades positivas, as quais dependiam sobretudo das virtudes dos cidadãos.

Essas idéias vão dominar grande parte das reflexões filosóficas posteriores, entre elas a do estoicismo, cujos preceitos encontram-se presentes no *De Clementia*, de Sêneca. O Pórtico ou *Stoa*, como ficou conhecido, foi fundado por Zenão de Cício, em Atenas. Dentre as correntes filosóficas do helenismo, é a escola que melhor traduz o espírito cosmopolita que caracteriza o período, difundindo-se para além de Atenas. É comumente dividida pelos historiadores da filosofia em três períodos distintos, quais sejam, o estoicismo antigo (séculos III-II a.C.), o estoicismo médio (século II a.C.) e o estoicismo romano (séculos I a.C.-II d.C.)[49]. De todos os seus séculos de

---

49. Sobre as divisões do estoicismo e as bases principais de sua filosofia, consultar, entre outras, as obras de G. Murray, *Stoic, Christian and Humanist*, 1946; E. Bréhier, *Histoire de la Philosophie*, vol. I, 1967; J. Moreau, *Stoïcisme, Épicurisme et Tradition Hellénique*, 1979; J. Brun, *O Estoicismo*, 1986; F. H. Sandbach, *The Stoics*, 1989; G. Reale, *História da Filosofia Antiga*, vol. III, 1994; J. L. Sauders (ed.), *Greek and Roman Philosophy after Aristotle*, 1994; R. W. Sharples, *Stoics, Epicureans and Sceptics*, 1996; J.-B. Gourinat, *Les stoïciens et l'âme*, 1996; e R. Gazolla, *O Ofício do Filósofo Estóico. O Duplo Registro do Discurso da Stoa*, 1999, entre outros.

QUESTÕES GERAIS SOBRE O *DE CLEMENTIA*

existência, apenas os textos dos últimos representantes da *Stoa* foram preservados integralmente.

Do antigo e médio estoicismos restaram apenas fragmentos de seus textos, que se espalham nas obras dos antigos doxógrafos (como Diógenes Laércio, Dião Crisóstomo, Estobeu, Clemente de Alexandria, Plutarco, Epifânio, Aécio, Filão de Alexandria, entre outros). Essa característica dificulta a interpretação da filosofia estóica desse período, pois, não raras vezes, apresenta-se mesclada às próprias concepções dos compiladores. A grande coleta desses fragmentos foi realizada em 1905 por Johanes von Arnim, em seu *Stoicorum Veterum Fragmenta* (4 vols., Ed. Teubner), ainda não traduzido na íntegra[50].

Apesar do estado fragmentário, no entanto, é possível fazer uma sistematização de suas principais idéias e apontar os seus principais representantes.

No antigo estoicismo sobressaem-se Zenão de Cício (*cc.* 335-263 a.C.), o fundador da escola, Cleantes de Assos (*cc.* 330-231 a.C.) e Crisipo de Soles (*cc.* 280-204 a.C.), seus sucessores na direção da escola.

Zenão tinha origem fenícia e, atraído pelo desenvolvimento cultural e comercial de Atenas, a ela chegou por volta de 311 a.C. Foi discípulo de Crates de Tebas, o Cínico e teria ouvido, ainda, lições dos platônicos Polemão de Atenas e Xenócrates, e dos megáricos Estilpão e Diodoro Cronos. Diógenes Laércio (VII, 2, 15) conta também que por volta de 300 ou 294 teria começado a ensinar publicamente junto ao Pórtico das Pinturas (*Stoa poikíle*), daí o nome da escola. Jamais solicitou cidadania ateniense; sábio, discreto e respeitado, "morreu como viveu e foi dono de sua morte como fora dono de sua vida".

50. R. Gazolla, *op. cit.*, p. 19.

Diante da grande mudança que se produziu na vida política da Grécia depois da batalha de Queronéia (338 a.C.), quando então as cidades gregas perdem sua independência para a Macedônia de Felipe, Zenão aprofunda a individualidade universal do homem e afirma que o essencial é ser cosmopolita, "desconsiderando os limites geopolíticos traçados pela historicidade"[51]. Sua cidade será, então, a Cosmópolis, um mundo sem fronteiras individualizadas, cujo cidadão por excelência é o homem sábio.

A obra de Zenão foi continuada por seu discípulo e sucessor Cleantes, que enfatizou sobretudo o aspecto religioso da doutrina, tendo escrito, inclusive, um Hino a Zeus[52], entendido aqui como o espírito da Razão, criadora do universo. Crisipo, por sua vez, estabelece a unidade no seio da escola estóica e lhe dá uma perfeita sistematização, elaborando uma verdadeira teodicéia. Ficou bastante conhecido por procurar conciliar as teorias do Destino à liberdade humana, "um dos paradoxos do estoicismo"[53].

O estoicismo médio, a seu turno, tem como maiores representantes Panécio de Rodes (*cc.* 180-110 a.C.) e Posidônio de Apaméia (*cc.* 135-51 a.C.), responsáveis pela introdução do estoicismo em Roma.

Panécio foi discípulo de Antípatro de Tarso e admirador de Platão, inaugurando no Pórtico uma tendência eclética, que levava em conta críticas céticas e o novo espírito da romanidade[54]. Ele libera o estoicismo do domínio da necessidade e insiste sobre a liberdade do homem e a moral voltada para a

---

51. *Idem*, p. 50.
52. J. Moreau, *op. cit.*, p. 9.
53. M. G. Novak, "Estoicismo e Epicurismo em Roma", 1999, p. 265.
54. M. Reale, *op. cit.*, p. 367.

QUESTÕES GERAIS SOBRE O *DE CLEMENTIA*

vida prática, estabelecendo um vivo sentimento de sociabilidade e um forte sentido de Estado, que vai ao encontro do sentimento romano. Amigo de Cipião Emiliano, é por meio dele e de seu círculo de amizades que introduz suas idéias em Roma.

Sucessor de Panécio na direção da Escola de Rodes, Posidônio, assim como seu mestre, também segue uma linha filosófica mais eclética, embora insista na interação dos fatos, reduzindo tudo à unidade (ao contrário de Panécio). Em Cícero, encontrará um grande admirador do pensamento estóico, cuja obra é um manancial riquíssimo para o seu estudo.

A terceira fase do estoicismo, o romano propriamente dito, abandona a física e a lógica em benefício da moral, encontrando em Sêneca, Epiteto e no Imperador Marco Aurélio os seus maiores expoentes nesse período.

A filosofia estóica, portanto, como já se fez notar, surge num momento extremamente conturbado, no qual as cidades gregas se encontram em grave crise política e social. Incapazes de manter suas próprias instituições e a paz entre si, passam a ser alvo de governos tirânicos, agravando ainda mais as lutas entre os diferentes grupos sociais. Em função disso, pensa-se em um monarca dotado de poderes ilimitados, que poderia solucionar melhor os problemas da cidade "do que uma assembléia submetida às flutuações de suas paixões"[55]. Embora a adoção de um tal sistema governamental tocasse diretamente num dos atributos fundamentais da *polis*, qual seja, a liberdade de seus cidadãos, ela deveria ser renunciada em benefício do soberano, pois ele seria o único capaz de lutar contra a tirania.

55. M. Pena, *op. cit.*, p. 12.

IMAGENS DO PODER EM SÊNECA

Incorporando essa tendência helenística, Zenão imagina um novo mundo, em que não haveria mais nações, categorias sociais ou desníveis de riqueza[56]. Em prol dessa ampla sociedade, em que todos seriam iguais tanto em direitos como em deveres, os filósofos governariam sem qualquer tipo de opressão, garantindo a segurança da *polis* e tornando possível o ideal do sábio, já anunciado anteriormente por Platão. Redefinindo o lugar do homem no mundo e legitimando formas políticas novas, o estoicismo passa então a congregar inúmeras justificativas para a existência do poder monárquico: segundo os seus preceitos, este poder deveria ser legitimado pela sabedoria, pois apenas por meio dela poder-se-ia distinguir o bem e o mal. Derivada de uma plena participação da razão, que rege o universo, essa sabedoria endossa a proclamação do sábio como rei, e, em última instância, permite que sirva a este último como conselheiro. Trata-se, pois, de uma monarquia universal, própria de um sábio, cuja soberania moral reflete a soberania cósmica de Zeus e a ele se iguala. Sendo, portanto, um rei ideal, "o sábio é também considerado o modelo de todas as virtudes"[57], assegurando o bem-estar de todos.

A *Stoa* antiga, porém, a princípio, "não se centrava na *polis*" propriamente dita, pois a pensava "desprovida de instituições políticas, sociais e econômicas, em que tudo seria regido pela natureza"[58], sendo a vida na cidade, nesse primeiro momento, classificada como "indiferente". Essa concepção, entretanto, como já se apontou, é revista pelos continuadores do Pórtico, pois acabam incorporando alguns elementos da filosofia pla-

56. *Idem*, p. 33.
57. P. Grimal, *op. cit.*, 1985, p. 251.
58. R. I. Winton e P. Garnsey, *op. cit.*, pp. 56-57.

QUESTÕES GERAIS SOBRE O *DE CLEMENTIA*

tônica (no que diz respeito ao governo do sábio) e aristotélica (no que toca à relação do homem com a cidade). Nesse sentido, o médio estoicismo reformula a participação do homem estóico na vida política da cidade, atentando para que essa participação seja efetivada de forma que não comprometa a felicidade daquele que se dispôs a exercê-la, pois, tanto para Zenão como para aqueles que o sucederam, o objetivo final do estoicismo era a "harmonia da alma individual com o universo", harmonia que só poderia ser alcançada se o homem vivesse de acordo com a natureza e, conseqüentemente, segundo a razão.

Ao tomar consciência de que a crise da *polis* engendraria uma queda do "governo das leis", com uma conseqüente emergência do "governo dos homens", o estoicismo aprofunda seu cosmopolitismo filosófico e preconiza um "governo mundial", criando uma nova ideologia de poder e uma moral política que lhe permitiria refletir sobre as relações entre este poder e o indivíduo guiado pela aquisição da sabedoria[59]. No Império Romano, o estoicismo busca um papel político, procurando compreender melhor a cidade transformada em Império. Ao conceber o soberano em relação ao arquétipo do sábio e a cidade como uma grande nação, a construção filosófica estóica em torno desses dois pólos, nesse período, permite a emergência de um novo debate, segundo o qual os problemas políticos do Estado passam a ser os mesmos dos indivíduos, já que tudo depende das relações entre estes últimos e o príncipe, princípio unificador e pacificador das forças públicas.

Inspirados nessas concepções, os tratados sobre a realeza irão delinear as diretrizes pelas quais o monarca deverá se pau-

59. M. Pena, *op. cit.*, pp. 407-408.

IMAGENS DO PODER EM SÊNECA

tar a fim de melhor cumprir seus deveres como soberano. Nesses tratados, a monarquia define-se pelo reconhecimento, em um único homem, de qualidades excepcionais. Ele as deve ao favor divino, isto é, à intensidade notável da parcela divina que existe nele. Essas qualidades, por sua vez, colocam-no em um plano superior àquele do comum dos homens, manifestando-se essencialmente por suas vitórias e pela ação exercida sobre os demais membros da sociedade que integra. O soberano, portanto, não reina sobre um Estado que existe juridicamente fora dele (ele é o próprio Estado), mas sobre "terras e homens que apenas o seu poder reúne"[60].

É a partir dessas filosofias que os romanos tomam consciência de que as formas institucionais evoluem, adaptando-se às circunstâncias, e de que é legítimo revisar e atualizar as leis. Inspiram-se, portanto, na concepção platônica do rei-filósofo, dando, porém, menor importância à organização política da sociedade e mais ênfase na formação do príncipe virtuoso. Em função disso, alguns pensadores romanos, como Cícero e Sêneca, produzirão o perfil do príncipe ideal e do melhor governo: ambos mantêm a idéia grega de que a comunidade política tem como finalidade o bem-estar do cidadão e a justiça, identificada nesse momento com a ordem, a harmonia e a concórdia no interior do Estado. Essa justiça, no entanto, dependerá agora das qualidades morais do governante, devendo o príncipe ser o modelo das virtudes às quais os súditos deverão imitar.

Dentro dessa tradição, portanto, a ação política de Octaviano é aceita pelo que ela é, um dado de fato. Ela se encontra justificada pelas virtudes que ela própria supõe, e que designa

---

60. A. Aymard, "Le protocole royal grec et son évolution", 1948, p. 233.

QUESTÕES GERAIS SOBRE O *DE CLEMENTIA*

o vencedor ao reconhecimento e à veneração da cidade. Reconhecidas a Augusto, o *clipeus uirtutis* designa-o como um verdadeiro rei, sem o título é verdade, daí sua preocupação constante em conferir legitimidade a seus atos e em incorporar inúmeros títulos e poderes, aos quais se referiu no início deste livro.

No caso do *De Clementia*, essas premissas espelham-se na universalidade do poder do príncipe e nas relações que estabelece com seus subordinados. Sendo o príncipe o regente de todo o Império, deve servir de exemplo, por meio de suas virtudes, a todos aqueles que estão sob suas ordens. Procedendo dessa maneira, ou seja, imitando o verdadeiro sábio, concorre para a formação de uma moralidade para a nação e também para sua harmonia, de modo que o Estado possa se manter coeso e duradouro.

A abundante presença de citações de outros autores na obra senequiana, no entanto, acabou por qualificar sua filosofia como um "estoicismo eclético"[61]. Essa análise das fontes de seus escritos, no entanto, avalia mais o caráter repetitivo das citações do que a originalidade com que são utilizadas ao longo de sua obra. Exemplos desse pensamento encontram-se em E. Albertini[62], para quem a utilização dos preceitos estóicos e epicuristas é feita de modo fragmentário, e em R. Chevalier[63], que "acusa" Sêneca de "nem sempre ter penetrado na doutrina de seus mestres" e de apresentar citações aproximativas, nas quais sua importância real é modificada. Em resumo, a filoso-

---

61. P. Grimal, "Nature et limites de l'écletisme philosophique chez Sénèque", 1970.
62. E. Albertini, *op. cit.*, p. 212.
63. R. Chevalier, "Le milieu stoïcien à Rome au 1er siècle ap. J.-C. ou l'âge héroïque du Stoïcisme romain", 1961, pp. 547-549.

fia senequiana limitar-se-ia a anedotas morais, utilizando um vocabulário cheio de lugares-comuns e um estilo que foge grandemente à concisão da escola estóica. Isso refletiria, então, não só um ecletismo puro e simples, mas um ecletismo superficial, que chega ao limite da mera compilação.

Observe-se, todavia, que essa visão sobre o que seria ecletismo é bastante estreita, pois restringe o significado das citações a, tão-somente, uma repetição de idéias, sem levar em consideração o verdadeiro caráter de seu uso. Nesse sentido, ignora, como bem colocou P. Grimal[64], que o ecletismo também diz respeito à "bagagem filosófica" em que "as idéias ganham uma espécie de anonimato", perdendo, de certo modo, a sua origem, e que Sêneca, portanto, como herdeiro de toda uma tradição filosófica que remonta à Grécia, constrói o seu pensamento a partir da reflexão do pensamento filosófico que o precede.

Essa reflexão, a seu turno, presente sobretudo nas *Epistulae ad Lucilium* – em que a bagagem filosófica reflete uma intensa recepção, por vezes crítica, por vezes revista, das diversas tradições da filosofia clássica –, revela sobretudo o diálogo que ele procura estabelecer com os representantes das diversas correntes filosóficas, no sentido de precisar e esclarecer os diferentes problemas que se lhe apresentam sem, no entanto, submeter-se ao pensamento de outrem ou abdicar de suas próprias opiniões. O objetivo, então, seria confrontar sua própria experiência à de Epicuro, Zenão, Panécio etc. de maneira a enriquecer o seu próprio pensamento.

Assim, por exemplo, é intensa a presença do estoicismo e do epicurismo nos escritos de Sêneca; há elementos platôni-

---

64. P. Grimal, *op. cit.*, 1970, p. 6.

QUESTÕES GERAIS SOBRE O *DE CLEMENTIA*

co-aristotélicos e, em certa medida, também dos pitagóricos e dos cínicos. Mas esse "ecletismo", evidentemente, tem seus limites. O próprio Sêneca arroga-se o direito de emitir juízos independentes (*Epistulae ad Lucilium* XLV, 4); refere-se a si mesmo como pertencendo à escola estóica (*De Vita Beata* III, 2) e não como um simples reflexo de seus mestres. A recepção dos filósofos não afeitos ao estoicismo dar-se-ia na medida em que se adaptam à ortodoxia dessa escola. Sêneca reinterpreta-os, daí a sua originalidade.

O componente epicurista tem um grande peso na obra de Sêneca, especialmente nas primeiras epístolas, como uma espécie de concessão às preferências de Lucílio. Nelas, particularmente no que se refere ao ideal de sábio, Sêneca encontra afinidades com o seu próprio conceito de sabedoria. "Citando Epicuro, no entanto, Sêneca não se torna um epicurista"[65]. Tanto que, à medida que o epistolário avança, Epicuro deixa de ser elogiado para ser criticado e, finalmente, rechaçado em nome do estoicismo, a que Sêneca procura converter Lucílio.

Já no que se refere ao pitagorismo, Sêneca estava familiarizado com seus preceitos, pois um de seus mestres, Sotião, já divulgava em Roma essa doutrina. Há eco dessa filosofia, por exemplo, nas Epístolas LII, XCIV e CVIII, em que Sêneca aborda temas como a imortalidade e a transmigração das almas. O mesmo pode ser dito em relação à tradição platônica-aristotélica, cujo debate metafísico sobre as idéias, o ser ou a causalidade podem ser encontradas nas Epístolas LVIII e LXV.

A inspiração maior de sua filosofia, no entanto, encontra-se no estoicismo[66], expresso em praticamente todas as suas obras

---

65. *Idem*, p. 8.
66. P. Grimal, *op. cit.*, 1978, p. 343.

de que se tem notícia. Nas *Naturales Quaestiones*, por exemplo, ele emprega as partes da física estóica que mais lhe interessam, como as considerações sobre os fenômenos naturais em geral; nas *Epistulae Morales ad Lucilium*, sumaria o desacordo entre Cleantes e Crisipo (CXIII, 23) e fala do instinto de preservação segundo Posidônio (CXXI); no *De Constantia Sapientis*, expõe sua concepção do homem sábio de acordo com o ideal estóico etc. Seus escritos possibilitam, inclusive, a construção de todo um vocabulário de termos e conceitos técnicos que os estóicos romanos absorveram e mantiveram a partir da tradição grega[67].

O tratado *De Clementia*, por sua vez, segue a tradição do Pórtico especialmente no que diz respeito aos aspectos políticos dessa escola. Ao desenvolver uma teoria que converte o despotismo em monarquia, Sêneca posiciona-se ao longo dessa tradição filosófica porque o absolutismo moral do estoicismo torna o absolutismo político aceitável, conforme já havíamos apontado antes.

O Estado ideal para o antigo estoicismo, à parte o Estado dos Sábios, considerado como uma utopia, era um Estado entre a democracia, a monarquia e a aristocracia, um Estado, enfim, como o da doutrina platônica-aristotélica. Não existia, no entanto, um Estado que respondesse a essas exigências, e a prática impunha, conseqüentemente, que o estoicismo tomasse as mesmas atitudes de um sábio diante das formas de governo existentes. Embora não desaprovasse nenhuma delas, inclinou-se para a monarquia. Nela, quem deveria exercer a direção do Estado era o sábio, mas caso isso não fosse possível, era necessário ao menos que ele vivesse na corte de um monarca, de modo a auxiliá-lo.

---

67. N. Pratt, *op. cit.*, p. 57.

QUESTÕES GERAIS SOBRE O *DE CLEMENTIA*

O médio estoicismo, por meio de Panécio, também voltará a especular sobre as melhores formas de governo. Sua especulação, no entanto, ultrapassa a abordagem teórica e encontra um modelo de Estado ideal na prática, qual seja, o Estado romano. Para Panécio, este Estado apresentava-se como a síntese da constituição mista, pois possuía cônsules que representavam o poder do rei, um Senado que fazia valer o elemento aristocrático e uma assembléia nacional, que formava o grupo democrático[68]. Em suas considerações, então, Panécio concilia a doutrina estóica e as concepções romanas em relação ao Estado, fazendo com que os sentimentos patrióticos dos romanos fossem lisonjeados pela filosofia.

As idéias de Panécio sobreviveram e mantiveram-se durante muito tempo, até o momento em que a República romana começou a dar sinais de que haveria de ser substituída pelo Principado. Nessa época, a teoria do poder monárquico do antigo estoicismo ganha força novamente, sobretudo, como já se fez notar, com Sêneca[69]. Sua teoria sobre o Principado, nesse sentido, é tão legítima dentro da tradição filosófica estóica quanto sua sintonia em relação à política de seu tempo, pois, ao elaborar o *De Clementia*, procura fundar filosoficamente a teoria do *rex iustus* a partir de uma necessidade que a prática política lhe impunha.

---

68. A. Sizoo, "Paetus Thrasea et le Stoïcisme", 1926, pp. 231-232.
69. N. Guarinello, em seu artigo "Nero, o Estoicismo e a Historiografia Romana", 1996, desenvolve uma reflexão bastante interessante a respeito do estoicismo romano e de sua interferência na vida política do Principado de Nero. Para ele, o projeto de Sêneca sobre a clemência não teria sido apenas uma "veleidade pessoal", mas teria envolvido também os "demais grupos estóicos" (p. 58).

No *De Clementia*, a filiação estóica de Sêneca evidencia-se, no entanto, não só por aderir à monarquia[70] como forma política do governo ideal (*De Clem.* I, 19), mas também pelas características que atribui ao governante (sabedoria e justiça), pelos efeitos que sua ação política engendra dentro do Estado do qual é o representante (sobretudo a concórdia), e pelo ecumenismo de seu poder.

No antigo estoicismo, como já se observou, o modelo de governante era o do sábio, pois apenas alguém capaz de se autogovernar poderia se incumbir das decisões gerais do Estado. Esse ideal rompeu a barreira dos séculos e encontrou no príncipe romano uma nova forma de permanência. Na teoria de Sêneca, a fusão do modelo de sábio estóico e do "primeiro dos cidadãos" é imprescindível para a concretização de sua orientação política, pois apenas um rei-filósofo tem a prerrogativa de governar. Ele é, por isso, o melhor dentre os melhores; um modelo de virtude para seus cidadãos (de modo que o Estado que ele governa também seja virtuoso); e a garantia da paz romana, da segurança de seus cidadãos e da manutenção das relações tanto entre ele e seus subordinados, como entre os demais membros do corpo social.

Segundo Sêneca, esse governante só poderia cumprir suas obrigações sendo clemente. Por meio dessa virtude, há garantia de que a justiça seja aplicada sem os rigores habituais previstos nas leis; ela preserva a vida e os poderes imperiais, pois permite que o soberano perdoe seus inimigos fazendo deles seus aliados. A fim de que possa bem utilizá-la, entretanto, o governante deve ser sábio e saber o que é certo ou errado, pe-

---

70. Sua escolha pela monarquia é expressa também em *De Ira* I, 6; *De Beneficiis* II, 20, 2 e nas *Epistulae* LXXIII, 4, 9 e XL, 4.

sando sempre sobre quem vai incidir sua clemência e de que maneira seu uso poderá lhe trazer prestígio, honra e fama. Uma vez descontentes, a reação dos cidadãos é sempre desfavorável àquele que exerce o poder, pois a ele foi oferecida a gestão do Estado. O poder desse príncipe, no entanto, embora necessite da aprovação de todos e se apóie sobre suas virtudes e ações, só existe porque os deuses assim o querem. Trata-se, pois, de um poder de caráter sagrado, devendo o príncipe, a quem é legado este poder, prestar contas de seus atos apenas a eles. Uma correta aplicação da justiça, nesse sentido, garante a concórdia pública, pois onde não há motivo para queixas, não há, conseqüentemente, motivo para disputas; daí que o governante ideal é aquele que, por meio de sua sabedoria, encontra uma correta orientação na aplicação das leis, o que, por sua vez, concorre para a coesão das forças públicas, concordes em relação ao poder que as comanda e ordena.

Outra questão diretamente ligada ao estoicismo de Zenão é a do poder ecumênico do governante. A concepção de poder em Sêneca, ao visar a um público extremamente diversificado, que habita todo o Império romano, propõe igualmente um Estado mundial (não mais uma cidade) regida por um único homem (o rei-filósofo) em que não haveria quaisquer distinções de classes sociais. A pretensão de Sêneca é, pois, a de que o Império romano transforme-se em um Estado ideal, tal como o do antigo estoicismo. Ele oscila, entretanto, entre essa concepção universalizante e a concepção romana de governo, segundo a qual o poder deveria ser exercido a partir de um único centro, no caso, a cidade de Roma.

Durante todo o *De Clementia* observa-se que as duas concepções se intercalam. Em *De Clem.* I, 3, 4, Sêneca refere-se ao modo pelo qual "povos e cidades [*urbibus*]" protegem e amam os seus reis, de modo que, nessa passagem, a referência é a de um governo universal, o único com possibilidades de congregar em seu seio diferentes povos e inúmeras cidades. O mesmo acontece nas passagens *De Clem.* I, 8, 5, em que as "nações [*gentes*], estejam onde estiverem" acolhem a voz do príncipe; *De Clem.* I, 13, 4, em que se alude às "preocupações universais [*uniuersa*]" do príncipe; *De Clem.* II, 1, 3, quando Sêneca expressa o desejo de que todos os "povos [*gentes*] que habitam o Império Romano, cada um dos povos de duvidosa liberdade que se estendem ao longo das fronteiras" pudessem ouvir Nero proclamar que preferiria não saber escrever a ter de assinar uma condenação; e *De Clem.* II, 2, 1, na qual Sêneca afirma que a mansidão do espírito de Nero "se propagará e, paulatinamente, se difundirá por todo o vasto território do Império", unindo-se à semelhança dele.

De acordo com essas passagens, todos os povos e cidades protegem os seus reis; estes têm preocupações universais, atendendo mais a algumas, menos a outras. Nero, um desses "reis", no exercício de suas funções, hesita em assinar uma sentença de morte, fato que deveria ser anunciado a todas as nações a fim de que elas pudessem compartilhar essa magnanimidade. Essa mansidão, finalmente, própria do espírito de Nero, se difundiria paulatinamente, de modo que todo o Império se uniria em torno de sua figura. O poder imperial, nesse sentido, é concebido como sendo universal, pois atinge a tudo e a todos. Seu executor, o príncipe, é tido como o elemento aglutinador de todo o Império, servindo de modelo para os demais membros do corpo social.

Quando Sêneca se pronuncia em relação à cidade de Roma como centro do poder imperial romano, observa-se que há poucas referências. A primeira delas aparece em *De Clem.* I, 4,

2, quando o filósofo alerta para os perigos decorridos de uma possível queda do príncipe. Segundo ele, a "unidade e a vasta rede do Império" se fragmentaria em muitas partes, tendo Roma ("esta cidade [*urbi*]") "deixado de dominar no mesmo momento em que tiver deixado de prestar obediência". Aqui, o poder imperial emana da própria cidade de Roma, centro da vida política e administrativa do Império. O fato de Sêneca empregar o termo *urbs*, por si só, já revela que se trata da cidade por excelência, ou seja, Roma.

As demais referências, embora remetam à cidade de Roma, surgem em meio a outros tipos de argumento. Em *De Clem*. I, 6, 1, por exemplo, a cidade (*ciuitate*) aparece como um espaço onde circula uma "multidão", que escoa "em fluxo ininterrupto pelas ruas mais amplas"; em *De Clem*. I, 15, 2, Sêneca refere-se à clemência de Tário, destacando que mesmo em Roma (*ciuitate*), "onde às piores pessoas nunca falta um patrono", o réu havia sido condenado com justiça; em *De Clem*. I, 18, 3, fala dos senhores cruéis que são apontados pela "cidade [*ciuitate*] inteira" e cuja odiosidade se transmite pelos séculos; em *De Clem*. I, 21, 4, aconselha ao príncipe que faça uso de sua clemência em prol daqueles cuja "graça ou castigo estariam na voz da cidade [*ciuitatis*]"; em *De Clem*. I, 22, 3, fala do estabelecimento, por parte do príncipe, "dos bons costumes da cidade [*ciuitati*]"; *De Clem*. em I, 23, 2, enfatiza a existência de um consenso pela inocência quando os homens são raramente punidos numa cidade [*ciuitate*]; em *De Clem*. I, 24, 1, fala sobre a preponderância da "pior parte da cidade [*ciuitatis*]"; em *De Clem*. I, 24, 2, "a cidade [*ciuitas*] considera digna" a preservação da clemência para si; em *De Clem*. I, 25, 5, fala da necessidade de se abandonar a cidade (*urbis*) quando há uma epidemia, e da destruição de parte dela quando um vasto incêndio a atinge; e em *De Clem.* I, 26, 2, expõe "como se apresentaria o reino [*regnum*]" caso a crueldade fosse seguida.

O que se verifica nessas passagens é uma significativa progressão de idéias no que concerne ao uso dos termos relativos à cidade de Roma. Assim, primeiramente, a cidade é um espaço público, em que circulam seus cidadãos; depois, apresenta-se como um espaço em que se pratica a justiça; a seguir, configura-se como um lugar de circulação de idéias, seja para a difamação (dos senhores cruéis), seja para a exaltação (da clemência do príncipe em relação aos poderosos); a partir do modelo estabelecido pelo príncipe, seus cidadãos entregam-se aos bons costumes e promovem a concórdia entre si; uma parte de seus cidadãos considera a clemência como sendo digna dela, embora outros não compartilhem esse espírito; no caso de preponderar a "pior parte" da cidade, medidas enérgicas deverão ser tomadas, como quando se é atingido por uma epidemia ou por um incêndio; nesse sentido, a cidade transforma-se num *regnum*, impregnada pela crueldade, não mais oferecendo segurança, pois inúmeros agentes sociais (reconhecidos no texto como "delatores") agiriam em benefício próprio, causando terror e pânico na cidade. Nessa seqüência, a cidade, de espaço público em que se pratica a justiça e se difundem idéias, transforma-se num reino cruel cheio de delatores quando seus cidadãos não seguem o modelo de virtudes estabelecido pelo príncipe.

O que se observa então, numa primeira instância, é que Sêneca aspira a uma universalidade do poder, pois este se dirige a todas as partes do Império; como Roma, no entanto, é a cidade por excelência, esse poder deve ser exercido a partir dela, de uma forma centralizada. Sêneca, desse modo, não consegue desvincular o poder imperial romano de um centro, de onde deveriam partir todas as decisões; a queda desse centro, entendida aqui como a do próprio príncipe, provoca uma diluição das forças públicas, por cuja coesão é o responsável. Disso infere-se que Sêneca, ao redigir o *De Clementia*, tinha em mente duas premissas básicas: primeiro, que o Império romano, uma vez descentralizado, poderia se "esfacelar", dando origem a uma guerra civil sem precedentes; segundo, que a única solução possível para que isso não acontecesse encontrava-se na adoção do regime monárquico, representado, no tratado, pela figura constante do *rex* e do *princeps*.

O *De Clementia*, assim, marca uma etapa do governo de Nero, e talvez mesmo uma etapa na evolução de seu Principado. Sêneca acreditava que o regime imperial somente seria aceito pelos romanos se fundado filosoficamente, se o príncipe, em última instância, fosse considerado um sábio, possuidor das virtudes fundamentais para o alcance da *sapientia*, por meio da qual teria verdadeiramente condições de reger um Império. Ao desenvolver essas reflexões, o filósofo procura traçar a imagem de um monarca que se apresenta como o representante dos deuses na terra, que possui um poder absoluto e que funda esse poder na legalidade, ou seja, no consenso dos homens. O fim, portanto, que realmente legitima sua ação, é servir a coletividade protegendo-a e assumindo os encargos de direção da cidade por meio de instrumentos como a clemência e a severidade. Sua imagem é, pois, um modelo de moralidade, tanto privada como pública, de forma que todo o Principado, em função disso, transforma-se em um modelo universal, no qual a posição do príncipe entre seus súditos funciona como a razão em relação ao indivíduo, como o elemento de unidade do todo social, pois é nele que se condensa a universalidade do político. Apresentado dessa forma, o príncipe é, então, ex-

IMAGENS DO PODER EM SÊNECA

tremamente necessário e útil, pois sem ele a sociedade adentra no vício, tornando-se incapaz de governar a si própria.

Conceitos e Mecanismos da *Clementia*

De acordo com I. Braren, que realiza um estudo bastante acurado das origens do termo *clementia* e de sua evolução ao longo da história romana[71], a acepção primeira da *clementia* era bastante diferente do tratamento que lhe teria dado Sêneca. A princípio, como virtude, a clemência era empregada em favor de inimigos vencidos. Resultado de cálculo político, era utilizada apenas no âmbito externo e nunca dentro do Estado romano. Ao longo do tempo, porém, alterou-se conforme as necessidades, enriquecendo-se com as situações históricas e com o pensamento filosófico grego. Na época de César, passou de virtude pessoal a virtude de governante, obtendo assim importância política. Em Cícero, foi igualada à *temperantia* e à *modestia*, e em Augusto tornou-se marca e atitude de soberano legítimo. Com Sêneca, entretanto, o conceito de clemência transforma-se num sistema complexo, obedecendo a múltiplas intenções.

Assim, de acordo com essa autora, a concepção senequiana sobre a *clementia* "progride" ao longo da obra[72], ou seja, passa por nove etapas distintas, até adquirir uma conotação particular, própria do pensamento senequiano. Seguindo a linha de raciocínio de Sêneca, I. Braren distingue, em primeiro lugar, a *clementia* como uma virtude de soberano absoluto (1), que,

---

71. I. Braren, *op. cit.*, 1985, pp. 56-67.
72. Embora adote, em sua tradução, o texto estabelecido por Préchac, I. Braren, ao tratar desse tema em particular, procura seguir a disposição tradicional da obra. Para maiores detalhes, consultar as pp. 64-67 de sua dissertação (*op. cit.*, 1985).

QUESTÕES GERAIS SOBRE O *DE CLEMENTIA*

paulatinamente, passa a ser atributo de um chefe de Estado ideal (2); em vista disso, o soberano, investido dessa *clementia*, tem consciência de seus deveres para com os súditos (3); por ter algo da natureza dos deuses (4), a *clementia* é a mais adequada aos príncipes e reis (5), tornando-se a mais digna e justa para aqueles que estão na posição de comando (6); assim, a *clementia* é o exercício prático da temperança (7), revela mansidão de espírito (8) e é um atributo de sábio (9). Para Braren, portanto, a *clementia*, "adquire quase estatuto de programa de governo", pelo qual são definidas as relações entre o soberano e seus súditos.

O fato de Sêneca ter dado tão grande importância a essa virtude, a ponto de lhe atribuir a responsabilidade de todo um projeto governamental, tal como Braren coloca, não parece ser, todavia, o ponto central da obra. A *clementia*, na forma em que é transmitida por Sêneca, embora goze de papel fundamental no governo do soberano, é apenas o meio ou o instrumento pelo qual se pode verificar uma afirmação muito maior, qual seja, a da necessidade de um governo que possa garantir a coesão da sociedade romana de forma que a ordem estabelecida não seja alterada. A *clementia*, nesse caso, existe e é necessária porque medeia as relações entre o soberano e seus súditos, procurando atender aos interesses de ambos; além disso, configura-se como o único elemento de liberdade sob o exercício de um poder absoluto. A partir da clemência do governante, o todo social encontra a expressão de sua própria liberdade, já que é por seu intermédio que se realiza a coesão desse todo[73].

---

73. Para P. Veyne (*op. cit.*, 1996, p. 34), Sêneca dá à clemência uma "importância exagerada", porque ela se situava na "única margem de liberdade de ação em que um soberano poderia dar mostras de seu caráter e de sua moderação". A clemência seria, enfim, "a pequena diferença reveladora" da maneira com que o

IMAGENS DO PODER EM SÊNECA

Interessante trabalho de recuperação das origens da palavra *clementia* é realizado também por Edmondo Villa[74]. Seu objetivo é, a partir de uma consideração sobre o modo de agir oriental e grego sobre os vencidos, analisar a importância do conceito do termo *clementia* na vida política romana desde o seu surgimento (século II a.C.) até o início do Principado. Parte, desse modo, da idéia de que a política antiga, sendo ideológica, seguia normas inspiradas no costume dos antepassados, normas que era tradição considerar, "pois representavam um complexo de obrigação moral e religiosa que era necessário observar desde o momento em que se constituía a substância da idéia mesma de Estado"[75]. Uma vez estabelecido o Estado, seguiam-se, necessariamente, as relações políticas, entre elas, as praticadas sobre os vencidos e, em geral, com os outros povos. São essas relações que Villa vai buscar compreender nas obras de Aristóteles e de Tucídides, por exemplo, a fim de delinear um perfil de como os gregos entendiam os valores políticos das relações internacionais.

Após concluir, a esse respeito, que o ideal do mundo grego é "atormentado" pela vã aspiração a uma paz mundial e a uma concórdia social, Villa estende suas considerações ao mundo helenístico, greco-oriental, em que o particularismo – próprio da concepção tradicional grega – somado à crise da idéia de Estado, estará representado não mais pela cidade, mas pelo soberano que a governa.

Esse é o mote para o início de sua análise sobre a *clementia* no mundo romano, em que se verifica, desde ao menos o sé-

---

governante trata os culpados de atentados contra ele ou contra um de seus súditos.

74. E. Villa, *La Clemenza Política di Roma*, 1946.

75. *Idem*, p. 9.

culo II a.C., a exaltação do caráter do indivíduo, tido como político por excelência. Para Villa, "a verdade essencial desse caráter era a clemência do vencedor sobre o vencido, a qual, por essa razão, é um conceito político, emanação direta do sentido social e jurídico do caráter romano"[76].

A partir dessa premissa, sua interpretação da idéia de clemência em Roma coloca, inicialmente, sobre o plano político, a idéia de Estado romano, tendo presente que, quando essa idéia decai, o conceito passa então a significar a virtude do homem-indivíduo que, como magistrado, representa a idéia mesma de Estado.

O conceito de *clementia* para Villa, no entanto, ao contrário de Braren, é analisado apenas do ponto de vista político, e não filosófico-humanitário. Para ele, o caráter político da *clementia* é inerente ao seu conceito, inseparável mesmo. Mais do que um sentimento individual, ela é uma convicção política do interesse comum e, como tal, parece-lhe indissociável do caráter romano. Analisado sob esse prisma, no entanto, o conceito *político* da clemência também sofre alterações ao longo da história de Roma. Em primeiro lugar ela é interpretada apenas e tão-somente como um modo de agir para com os vencidos (fim do século II a.C.); depois, é tida como parte do *mos maiorum* e da tradição; no século I a.C. aspira a um ideal ético e político, sendo considerada tanto virtude popular como ideal aristocrático; no final da República, é associada à *humanitas* (Sula), à *persona* (César) e à *moderatio* (Cícero); e, finalmente, com Augusto, transforma-se na virtude do governante, representante por excelência da *ciuilitas*. Embora bastante abrangente, o estudo de Villa não chega a considerar o uso que os

76. *Idem*, p. 5.

IMAGENS DO PODER EM SÊNECA

Imperadores romanos, sucessores de Augusto, fazem desse "novo" conceito político da *clementia*, concluindo apenas que, a partir de Augusto, delineia-se a figura de um governante que, ao mesmo tempo em que exprime a máxima personalidade do Estado, possuindo os "máximos deveres e os máximos direitos", persiste no respeito pela personalidade de seus súditos, pois lhes permite, por meio de sua virtude, a visão de uma previdente moderação no exercício do poder imperial[77].

Definido o que seria a *clementia*, B. Mortureaux, a seu turno, aponta para a existência de três possibilidades de análise para esse conceito na obra de Sêneca: uma jurídica, uma filosófica e uma política[78]. A essas três, I. Braren acrescenta mais uma: a pedagógica[79]. Como instrumento político, a *clementia* serve ao governante na medida em que o preserva de ataques inimigos e lhe proporciona vantagens políticas; como instrumento jurídico, permite-lhe aplicar a justiça com moderação; se se observa o seu lado filosófico, infere-se que é própria de um homem sábio, cuja sabedoria lhe permite bem governar; e, finalmente, ao perceber o seu lado pedagógico, verifica-se que Sêneca, ao propor o uso da *clementia*, oferece um modelo a ser imitado, incentivando os governantes a agirem de modo correto em suas deliberações. Em todas essas instâncias, enfim, verifica-se constantemente a figura do soberano, de quem parte toda e qualquer iniciativa em relação ao uso da *clementia*.

77. *Idem*, pp. 125-127.
78. B. Mortureaux, *op. cit.*, 1989, pp. 1650 e 1672-1679. Sobre os fundamentos políticos e filosóficos da obra, reportar-se à análise de seu gênero e de suas bases filosóficas.
79. I. Braren, *op. cit.*, 1985, pp. 80-82. Sobre a função do tratado como instrumento pedagógico, ver a análise feita no próximo capítulo sobre as metáforas presentes na obra, mais especificamente, à do sábio como modelo a ser seguido por parte do príncipe.

QUESTÕES GERAIS SOBRE O *DE CLEMENTIA*

Embora esse uso da *clementia* dependa sempre de uma predisposição do governante – quando ele se deixar "comover" (*motus sum*) – este não tem, todavia, obrigação alguma de fazê-lo (*De Clem.* I, 1, 4). Tudo é da alçada de seu legal parecer (*De Clem.* I, 1, 2), e as contas que deve prestar dizem respeito apenas aos deuses. Quando age, porém, o governante nunca pretende fazê-lo do modo corretivo ou punitivo (*De Clem.* I, 20,1) a partir das leis estabelecidas, pois, segundo Sêneca, qualquer um pode matar em desacordo com a lei, mas salvar uma vida em desacordo com ela apenas o príncipe pode (*De Clem.* I, 5, 4). Nesse sentido, o soberano, cuja vontade impera, livre de obedecer ao sistema jurídico e de observar seus estatutos, encontra-se, da mesma forma que sua *clementia* (*De Clem.* I, 5, 4 e I, 5, 6), acima das leis, pois exerce suas funções por meio de uma instância superior, tem livre-arbítrio e julga não segundo uma "fórmula" (*sub formula*), mas de acordo com a eqüidade e o bem. A ele é permitido absolver e taxar uma demanda em quanto quiser, dispensar os réus de qualquer outro julgamento legal (*De Clem.* II, 7, 3), além de retirar uma pena imposta pelas leis (*De Clem.* II, 3, 2).

No *De Clementia*, o que se percebe, no entanto, é que o *status* do príncipe, em relação à justiça e à lei, varia radicalmente, pois ora é apresentado como um rei quase-divino que está acima de todas as coisas, ora como uma criatura humana de condições terrestres. Sêneca, assim, aparentemente se contradiz, já que sua concepção de *clementia* retrata um príncipe que faz uso da clemência por ação voluntária ao mesmo tempo em que se subordina às normas de uma justiça absoluta. O que se verifica, entretanto, é que o príncipe está acima das leis não porque pode se furtar a aplicá-las, infringindo-as, mas porque é o único com capacidade para utilizar a *clemen-*

IMAGENS DO PODER EM SÊNECA

tia[80], virtude que, nas palavras de Sêneca, passa mesmo a significar a diferença entre a posse ou não do poder imperial romano. Daí, segundo alguns autores, esse aspecto, aparentemente contraditório, configurar-se como uma "técnica educacional"[81] claramente visível na seqüência do argumento: passando sutilmente da personalidade do novo príncipe para a moralidade do novo Principado, Sêneca acreditava na premissa de que Nero tivesse potencial para governar de modo correto, procurando assim indicar-lhe as normas pelas quais essa potencialidade poderia ser adquirida.

A *clementia* do príncipe como medida jurídica atuaria, assim, segundo F.-R. Chaumartin, "como um meio de suprir as lacunas da lei escrita no exame de casos particulares, a fim de permitir o restabelecimento da justiça"[82], agindo, dessa maneira, como uma espécie de instrumento de "correção" da lei, cuja universalidade a tornaria imperfeita.

Quando o príncipe faz uso de sua *clementia* deve fazê-lo livre de quaisquer desejos de vingança, com paciência e moderação, de modo a preservar e garantir a salvação dos injustamente acusados. Para isso, além de agir como um verdadeiro sábio – levando em consideração sempre a causa do castigo e nunca o infortúnio do criminoso –, não deve poupar esforços na investigação da verdade, provando que o objeto da ação não é menos importante para ele (o juiz) do que para os acusados em perigo (*De Clem.* I, 20, 2). Atuando desse modo, o soberano aproximará sua *clementia* da razão (*clementia rationi*

---

80. J. M. Rist, *op. cit.*, p. 2007.
81. N. T. Pratt, *op. cit.*, pp. 171-172.
82. F.-R. Chaumartin, *Le 'De Beneficiis' de Sénèque, sa signification philosophique, politique et sociale*, 1985, p. 297.

QUESTÕES GERAIS SOBRE O *DE CLEMENTIA*

accedit – De Clem. II, 5, 1), o que atestará definitivamente sua capacidade de discernir quando e como deverá aplicá-la.

Além disso, a obra senequiana sobre a clemência estabelece distinções bastante claras entre os delitos cometidos nas esferas pública e privada, sobre as quais o soberano deve se posicionar[83]. Assim, para além das infrações de caráter público, o governante deveria ainda se pronunciar ante as injúrias que lhe eram dirigidas (*De Clem.* I, 20-23). No primeiro caso, o príncipe, embora seja também um cidadão, desempenha o papel do próprio corpo social, o que lhe proporciona deveres de Estado específicos, como a garantia da *securitas* e da justiça imparcial, da qual procede seu poder de vida e de morte. Essa segurança coletiva, por sua vez, exige uma justa severidade, que deve encontrar um equilíbrio entre a crueldade e a compaixão, a fim de que a justiça não seja afastada da verdade (*De Clem.* II, 4, 4). No segundo caso, o soberano pode reconciliar sabedoria e política perdoando os delitos cometidos contra sua pessoa (crimes de lesa-majestade). Sua atitude clemente, nessa situação, "permite a coincidência entre a exigência ética e a utilidade prática"[84], já que o terror não estabelece a segurança dos cidadãos, nem garante a sua confiança e deferência.

J.-M. André, em "Sénèque et la peine de mort"[85], analisa uma série de questões relativas à aplicação da justiça a partir da *clementia* senequiana, dando particular destaque àquelas que se referem aos crimes mais graves, em vista dos quais se

---

83. "Durante o primeiro século, todos os crimes cometidos na cidade de Roma e até cem milhas dela sofriam punição direta da autoridade do Imperador". O. Tellegen-Coupierus, *A Short History of Roman Law*, 1993, p. 92.

84. J.-M. André, "Sénèque et la peine de mort", 1979.

85. *Idem*, p. 278.

recorria à pena de morte. Para tanto, procura demonstrar, contrapondo o *De Clementia* ao *De Ira* e às *Epistulae*[86], que Sêneca, em nome de uma justiça que proibia qualquer tipo de impunidade ao crime, acaba justificando a sanção suprema como forma limite de correção, ou seja, à condição de abolir o erro judiciário, gradua as penas e tempera seu rigor pelo uso da *clementia*. A execução capital preservaria assim, com a *securitas* dos bons, o fundamento da vida social, pois apagaria a "monstruosidade do crime"[87]. Nesse sentido, aponta ainda (no *De Clementia*) para a presença de uma "dialética sinuosa" em que se percebe uma oscilação permanente entre a *seueritas* repressiva e a mansuetude[88]. Essa contradição, segundo André, é explicada pelo conflito existente entre a bondade essencial, de caráter antropológico ("pois nenhuma virtude é mais humana" – *De Clem.* I, 3, 2), e a imperfeição do corpo social ("essa imensa multidão discordante, sediciosa e descontrolada, pronta para se precipitar igualmente para a sua perdição como para a alheia" – *De Clem.* I, 1, 1), a realidade sociológica. Conclui, finalmente, que a *clementia*, tal como é esboçada no tratado, não se contrapõe à *seueritas*, mas sim à crueldade, sobre a qual incorrem aqueles que não têm motivo para punir, como Busires e Procrustes (*De Clem.* II, 4, 1-3). Estes últimos aparecem como exemplos do que o príncipe não deve seguir, já que ele deve distinguir o motivo da punição e estabelecer a medida do castigo: o tirano mata por matar, reprime movido pela vingança, enquanto o bom príncipe utiliza a pena capital apenas

---

86. M. Ducos ("La réflexion sur le droit pénal dans Sénèque", 1993) também realiza um estudo semelhante, recorrendo às mesmas fontes senequianas.

87. J.-M. André, *op. cit.*, 1979, p. 278.

88. Comparar, por exemplo, *De Clem.* I, 2, 2 e II, 4, 1.

QUESTÕES GERAIS SOBRE O *DE CLEMENTIA*

em benefício público[89] (*utilitas publica*) e quando já se esgotaram todas as possibilidades de atenuação do castigo. "Legitimada pela justiça"[90], portanto, a aplicação da pena de morte preservaria o todo social, eliminando sua face mais perniciosa, que não havia se adaptado à vida em comunidade[91].

A pena capital, entretanto, embora sancionada pela justiça e garantida pelas leis escritas – assim como muitas outras –, se submetida ao julgamento do soberano poderia, em última instância, ser revogada[92]. O príncipe, promotor da segurança de todos, deveria fazer valer a aplicação das leis "que havia tirado do abandono e das trevas" (*De Clem.* I, 1, 4), mas por estar acima delas, poderia utilizar-se de sua *clementia* abrandando a pena dos acusados ou mesmo remitindo-a. O filósofo cordobês aconselha inclusive que a *clementia principis* seja utilizada em relação aos poderosos, àqueles cuja graça ou castigo estariam na voz de todo o Estado romano (*De Clem.* I, 21, 4), pois seria uma grande oportunidade de demonstrá-la e a tornaria

---

89. A esse respeito, ver também a obra de R. Bauman, *Crime and Punishment in Ancient Rome*, 1996, p. 81.

90. J.-M. André, *op. cit.*, 1979, p. 285.

91. Ao prescrever a eliminação dos culpados da comunidade civil, Sêneca não é original: o filósofo refere-se a uma tradição divulgada amplamente na Antigüidade, não só pelo Pórtico, mas também por Platão. Em suas *Leis*, por exemplo, Platão já previa a supressão dos piores criminosos para evitar que o mal que havia neles se espalhasse no conjunto da cidade (M. Ducos, *op. cit.*, 1993, p. 446).

92. O poder no Principado tem um caráter absoluto, isto é, não havia leis que restringissem de modo eficiente o poder do governante. Quem respondia, portanto, pela existência de um bom governo, era o caráter mesmo do soberano, cujas virtudes eram imprescindíveis para a manutenção da concórdia social. De acordo com Sêneca, apenas a virtude seria capaz de limitar os poderes imperiais (*De Clem.* I, 1, 4). Assim, como bem disse P. Veyne ("O Indivíduo Atingido no Coração pelo Poder Público", 1988, p. 13) "só se pode ser honradamente governado por um homem que sabe governar suas paixões".

mais visível, além de evitar a formação de oposições. Isso certamente traria glória e fama de complacente ao soberano, e, ademais, fornecer-lhe-ia estabilidade e segurança no poder.

Assim, em essência, ao funcionar como um instrumento jurídico a serviço do soberano, a *clementia* senequiana é suscitada por todo um contexto de funcionamento efetivo do sistema imperial. Em vista disso, integra-se a esse sistema colocando-se em relação aos princípios e às regras do direito (*iustitia*), bem como de seus procedimentos[93].

Grupos Sociais Envolvidos na Utilização da *Clementia*

A análise que segue parte da observação segundo a qual a *clementia*, no tratado de Sêneca, não é apenas um conceito a ser analisado, mas um elemento dotado de função determinada, pois cria – a partir dos mecanismos enfocados na seção anterior – relações específicas entre os membros do corpo social. A partir disso, procurou-se identificar quais seriam esses membros e qual a natureza de suas relações.

De um modo bastante geral, os agentes sociais que figuram no *De Clementia* dividem-se em príncipe, responsável pela gerência do Império e promotor da *clementia*, e todos aqueles subordinados ao seu poder (identificados no texto a partir de termos como *ciuis, populus, multitudo, gens, turba*[94], entre outros).

93. B. Mortureaux, *op. cit.*, 1989, p. 1679.
94. Renata L. B. Venturini, em seu estudo sobre o vocabulário político (*Relações de Poder na Obra de Plínio, o Jovem,* 2000) afirma que esses termos estão associados ao *ordo plebeia,* e seu caráter é, realmente, pejorativo: a *turba* significa sobretudo a desordem, enquanto a *multitudo* designa a parte menos recomendável da plebe, "aquela que se deixa levar pelos excessos e pela desordem".

QUESTÕES GERAIS SOBRE O *DE CLEMENTIA*

Se se levar em consideração a disposição dos termos latinos empregados para designar os grupos sociais presentes no *De Clementia*, observa-se que a escolha dos vocábulos *populus, turba, multitudo* e *miser* é sempre feita em função do papel atribuído ao governante: o "povo", a "turba", a "multidão", ou ainda os "miseráveis", sem rumo, não podem, por si próprios, conter-se, pois necessitam de alguém que os ordene e comande, no caso, o príncipe. Nesse sentido, o uso da *clementia* por parte do governante teria, entre outras funções, a de ordenar e conduzir, garantindo a paz, a ordem e uma "segurança profunda e contínua, bem como uma liberdade absoluta". Além disso, verifica-se também que grande parte desses vocábulos diz respeito sobretudo aos habitantes da cidade ou a elementos que se reportem a ela (*ciuis, ciuitas, ciuilis*), indicando assim uma alteração do emprego da *clementia*, anteriormente voltada para as ações externas, como já se fez notar.

Quanto às categoria(s) social(is) a que pertencia(m) aqueles *ciuis, turba, multitudo, populus* citados anteriormente, em algumas passagens pode-se observar isso com bastante clareza, principalmente se se considerar os sentidos adquiridos pelos diferentes termos dentro do texto. Em outras, todavia, torna-se praticamente impossível fazer uma distinção mais precisa[95].

À primeira vista, esses termos, bastante distintos em seus significados, apontam para um único elemento, qual seja, o povo romano, representado no texto pelos vocábulos *populus,*

---

95. Ana Teresa M. Gonçalves, no entanto, distingue claramente "humildes", "plebe", "aristocratas", "senadores" e "cavaleiros", citando inclusive trechos do *De Clementia* em que se poderiam identificá-los. Suas considerações, no entanto, são extremamente pontuais, não permitindo um maior aprofundamento do assunto ("Uma Análise da Obra *De Clementia* de Sêneca: A Noção de Virtude", 1999, especialmente pp. 68-69).

IMAGENS DO PODER EM SÊNECA

gens e *ciuis*. A *clementia* principesca dirigir-se-ia, portanto, de uma forma bastante ampla, a toda a população do Império romano, sem distinção de categorias sociais, pois a todos garantiria a paz e a segurança, a todos preservaria e a todos comandaria[96].

A *clementia* do príncipe, assim, tal como Sêneca a esboça em seu tratado, ultrapassa sua acepção primeira de virtude cardinal, atuando como uma espécie de "mediadora" de seu poder[97]. Ora, esse poder, ainda de acordo com Sêneca, é um poder de "vida e de morte"[98], e que em nenhum momento da obra atinge as esferas da administração pública[99]. De acordo com essa concepção, o príncipe teria poucas chances de demonstrar sua clemência, pois somente os casos mais graves e que dissessem respeito diretamente à sua pessoa seriam a ele apresentados e por ele julgados, como o crime de lesa-majestade (*crimen maiestatis*), que atentava especificamente contra a vida do Imperador ou a de seus familiares.

Em vista disso, pode-se inferir que uma "parte" dos cidadãos aos quais se refere Sêneca em sua obra diz respeito àqueles que tivessem explícitas pretensões ao trono[100], pois a que ou-

---

96. Segundo E. Cizek, "a *clementia* neroniana diz respeito a muitas classes sociais e suscita a admiração de todos" (*op. cit.*, 1972, p. 101).

97. I. Braren, *op. cit.*, 1985, especialmente pp. 71-76.

98. *De Clem.* I, 1, 2. Segundo E. Cizek ainda, "[...] o Imperador idealizado por Sêneca terá o poder de um déspota, porque ele pode decidir sobre a vida e a morte de seus sujeitos, como melhor lhe parecer, controlar o destino de todos, coletividades e indivíduos, e tomar resoluções sobre a liberdade ou o aniquilamento das cidades" (*op. cit.*, 1972, pp. 99-100).

99. Efetivamente, não existe no tratado qualquer palavra sobre impostos, regras de conquista, instituições, Senado; "a única coisa que conta é o que se passa pela cabeça do governante". P. Veyne, *op. cit.*, 1996, p. 34.

100. Em relação a esse grupo, veja-se a observação de Sêneca em *De Clem.* I, 25, 4: "Pequenas serpentes escapam e não são alvo da investigação pública; quando

QUESTÕES GERAIS SOBRE O *DE CLEMENTIA*

tro propósito atenderia a morte do príncipe? A *clementia* do príncipe dirigir-se-ia então não apenas a um grupo genérico de indivíduos (todo o povo romano ou, em última instância, a toda população do Império), porém mais especificamente àqueles que, estando próximos da esfera do Imperador, pudessem oferecer algum tipo de ameaça ao poder imperial, representando o elemento de manifestação da *clementia* principesca numa instância mais circunscrita. Esses "cidadãos-inimigos", a seu turno, uma vez "perdoados", tornar-se-iam importantes aliados a serviço dos interesses do príncipe (*De Clem.* II, 2, 1). O *De Clementia* funcionaria assim não apenas como um "reflexo" do governante (*De Clem.* I, 1, 1), no qual é orientado a se portar de acordo com princípios que lhe são próprios (no caso de Nero, a *clementia*), mas também como uma espécie de "conselho" ou "advertência"[101] aos seus subordinados mais diretos, já que para estes seria mais interessante apoiar e seguir a um príncipe clemente e que não ameaçasse a sua segurança.

Ao afirmar que a *clementia* do príncipe dirigir-se-ia a todos indistintamente e não apenas àqueles que representassem uma ameaça a seu poder (de forma a aliciar "partidários"), Sêneca esclarece que isso se dá porque o "respeito" e o correto "julgamento" das palavras e ações do príncipe por parte de todos[102] concorreria para a manutenção de um governo livre de revoltas

---

alguma ultrapassa a medida habitual e se desenvolve em monstro, quando infesta as fontes com seu escarro e, se exala algo, queima e destrói os locais por onde andou, ela é atacada por projéteis. Pequeninos males podem dar margem a discussões e passar despercebidos, mas aos ingentes a oposição pública enfrenta".

101. Ver E. Cizek, *op. cit.*, 1982, p. 108; M. T. Griffin, *op. cit.*, 1984, p. 77 e V. Rudich, *op. cit.*, 1993, p. 14.

102. J. R. Sánchez considera que a opinião pública fosse, além disso, excelente instrumento a serviço do Imperador, servindo inclusive como meio de controle de seus

IMAGENS DO PODER EM SÊNECA

(*consternatione publica*). Sêneca acredita, portanto, que o governante será recompensado com o amor de seus súditos quando exerce um bom governo, baseado na virtude, tal qual os antigos estóicos, para quem o bem é conveniente porque proporciona, a quem o pratica, coisas de natureza semelhante[103].

A relação entre povo e Imperador, ademais, dava-se de maneira bastante particular: sem um, o outro feneceria (*De Clem.* I, 3, 5; I, 4, 1; I, 4, 3 e I, 5, 1). Cabia ao Imperador abrigar em si o que seria o povo e, assim, fazer-se um absoluto que lhe favoreceria e lhe daria sentido[104]. Dessa forma, as boas relações entre o governante e seus governados, intermediadas pela *clementia*, garantiriam a indissolubilidade do Império e a conseqüente preservação do Estado. Sendo o governante *mens imperii*, as partes que o compõem teriam a confiança necessária para permanecerem unidas (*De Clem.* I, 19, 5). Por isso o príncipe é representado como o único e duradouro bem do povo romano (*De Clem.* I, 1, 5), funcionando como elemento das *uires publicae* (*De Clem.* I, 4, 1). Ao agir como um pai em relação a seus filhos, um professor a seus alunos, ou um centurião a seus soldados, o príncipe teria para com seus súditos as mesmas disposições que os deuses para com ele (*De Clem.* I, 7, 1 e I, 16, 2) e, por meio dessas ações, cativaria as massas, seria amado, defendido e respeitado por todo o Estado romano (*De Clem.* I, 13, 4). O amor deste último seria o único lugar em

inimigos e de aniquilação dos mesmos ("*Vox Populi et Princeps*: El Impacto de la Opinión Pública sobre el Comportamiento Político de los Emperadores Romanos", 1994, pp. 313-314).

103. Cf. Diógenes Laércio, *Vidas e Doutrinas de Filósofos Ilustres*, VII, 99.

104. F. Faversani (*A Sociedade em Sêneca*, 2001) também fala de uma "interação" entre o povo e o governante. Para ele, "a relação não é só de mútuo auxílio, mas de existência", de modo que "é o Imperador que faz o *populus* existir" (p. 200).

QUESTÕES GERAIS SOBRE O *DE CLEMENTIA*

que poderia encontrar abrigo (*De Clem.* I, 19, 6) para qualquer tipo de ameaça.

Para o príncipe clemente, nesse sentido, existiriam muitos benefícios: em primeiro lugar, ele mantém a consciência tranqüila; depois, tem a vida resguardada de inimigos e perigos; preserva os poderes imperiais e adquire fama de complacente. A ausência da prática dessa virtude provocaria, entre outros males, a queda do governante, a destruição do povo romano, e um verdadeiro terror entre todos, já que de um príncipe cruel tudo poderia ser esperado. Por fim, o emprego da *clementia*, de uma forma geral: salva os inocentes; salvaguarda o interesse de todos; concede e garante a vida para todos; preserva e garante a segurança da comunidade.

Num primeiro momento, essas "vantagens" parecem simplesmente afirmar que o príncipe, ao fazer uso de sua clemência, teria como objetivo estrito manter-se na direção do Império, preservando sua própria pessoa e seus poderes, ao mesmo tempo em que mantém sua consciência tranqüila (segundo preceitos estóicos). Todavia, ainda uma vez mais, a indissociabilidade das relações estabelecidas entre o soberano e seus governados é evidente, como em *De Clem.* I, 19, 6:

> Não há necessidade de construir elevadas cidadelas nos topos, nem de fortificar colinas escaradas nas encostas, nem de cortar os flancos dos montes, nem de cercar com múltiplas muralhas e torres; a clemência assegurará a salvação do rei em campo aberto. O único abrigo inexpugnável é o amor dos cidadãos.

Por meio do príncipe garantem-se a segurança e a ordem, preservam-se a vida e a continuidade do povo romano. Não é visando apenas à *sua* estabilidade, portanto, que ele ordena a massa anárquica e incongruente que é o povo, mas à própria existência das coisas. Esse povo, em última instância, configura-se como o próprio poder de Roma, e ele é poderoso porque possui um governante que lhe proporciona coesão e que refreia suas tendências anárquicas (*De Clem*. I, 1, 1, por exemplo). Aqui Sêneca não pensa em uma categoria jurídica específica, mas num elemento político que concorre para a manutenção do poder imperial.

O povo não tem organicidade, é indefinível. Ele só existe na pessoa do Imperador[105], portanto, afrontar o Imperador significa também opor-se ao povo romano. É a partir disso, pois, que se estabelece a segurança do governante: ameaçá-lo é colocar em risco o próprio povo romano, e, sem este, quem seria o Senado ou qualquer incerto aspirante a seu lugar? O episódio de Augusto e Cina em *De Clem*. I, 9, 1-12 é bastante exemplar a esse respeito. Pergunta Augusto a seu oponente:

> Com que intenção fazes isso? É para que sejas o príncipe? Por Hércules, o povo romano vai mal, se nada, além da minha pessoa é obstáculo para governares [...] Abdico, se somente eu for o impedimento de tuas esperanças (*De Clem*. I, 9, 10).

Em outras palavras, a indagação de Augusto aborda dois lados de uma mesma questão: o príncipe e o povo romano; o que pretende Cina? Eliminar uma das partes (no caso, Augusto) e tomar o seu lugar. Mas se esquece de que os dois formam um único corpo e que, ao atentar contra um deles, o outro certamente reagirá. É dessa forma que o príncipe preserva a sua segurança: garantindo a de seus subordinados. Não para que

---

105. Para J.-M. André, "o príncipe é o pai coletivo do povo romano; ele é uma proteção e um refúgio, notadamente contra os riscos de guerra civil" (J.-M. André, "Les écoles philosophiques aux deux premiers siècles de l'Empire", 1987, p. 15).

QUESTÕES GERAIS SOBRE O *DE CLEMENTIA*

seu poder ou *sua* pessoa sejam preservados apenas, mas para que o poder imperial em si subsista e permaneça. Essa é, em suma, a orientação política que Sêneca propõe a Nero[106] ao desempenhar a função de "espelho": mostrar a ele que a preservação dos poderes imperiais (e, conseqüentemente, de sua própria pessoa) se dá por meio da coesão das relações sociais estabelecidas entre ele e o povo romano. Para tanto, propõe a *clementia* como um meio (ou instrumento) eficiente do estabelecimento dessas relações.

O *De Clementia* define, assim, um poder ecumênico que se exerce em um conjunto política e juridicamente diverso: povos bárbaros (*nationes*) suscetíveis de alcançar uma autonomia interna (*libertas*); nações livres reduzidas ao *status* de províncias (*populi, urbes*); realezas vassalas; além, é claro, de todos os cidadãos que compõem o Império Romano; sendo o Império, nesse sentido, concebido como "um mosaico de entidades, colônias, cidades, povos e etnias, ordenados segundo uma justiça distributiva e em função de critérios culturais"[107].

Essa breve análise sobre os grupos sociais presentes no *De Clementia* e sobre as relações que estabelecem entre si, finalmente, permite afirmar que esse tratado representava um modelo ideal de Estado, no qual a clemência do governante funcionaria como uma forma de mediação de suas ações para com os seus súditos, participando como elo de ligação entre am-

---

106. Segundo Griffin, o programa imperial de Sêneca e Burro ia no sentido de uma "reforma no estilo", propondo um comportamento diplomático para com o Senado e "generosidade" para com todos os agentes sociais, sendo a *clementia* o fator de intermediação das relações estabelecidas entre eles. Para maiores detalhes ver M. T. Griffin, *op. cit.*, 1984, p. 79.

107. J.-M. André, "La conception de l'État et de l'empire dans la pensée gréco-romaine des deux premiers siècles de notre ère", 1982, pp. 60 e 72.

bos. O que o seu uso buscava, sobretudo, era o aperfeiçoamento e a harmonia dessas relações no sentido de estar constantemente melhorando-as, equilibrando suas forças e promovendo a sobrevivência do Estado. O tratado senequiano sobre a clemência é, assim, "fundamentalmente político pelo que diz respeito ao seu domínio de aplicação (o Império Romano), às pessoas implicadas (o príncipe e seus cidadãos) e aos objetivos perseguidos (o equilíbrio de suas relações e a sobrevivência do Império)"[108].

---

108. B. Mortureaux, *op. cit.*, 1989, p. 1679.

III
ESTRUTURA DO *DE CLEMENTIA*

Depois da tentativa de F. Préchac[1] em estabelecer a verdadeira seqüência do *De Clementia*, outros estudiosos passaram a concentrar seus trabalhos na análise de sua estrutura, buscando solucionar o problema da composição. Assim, durante os quarenta anos que se seguiram, P. Faider, E. Albertini e F. Giancotti[2] procuraram, sem resultados significativos, analisar as idéias contidas no tratado a fim de reagrupá-las. Suas conclusões, pouco consistentes, por um lado apontavam a ausência de um fio condutor que ordenasse os elementos presentes na obra, e, por outro, propunham a existência de aspectos ligados à retórica, em que prevalecia um jogo de relações entre Sêneca, Nero e a opinião pública.

Segundo Bernard Mortureaux, é apenas depois da década de 1960 que os estudos relativos à estrutura de *De Clementia* se aprofundam, apresentando inovações. Entre eles encon-

---

1. F. Préchac, *op. cit.*, 1921 e 1932.
2. P. Faider, *op. cit.*; E. Albertini, *op. cit.* e F. Giancotti, *op. cit.*, 1955, pp. 36-61.

tram-se os de Pierre Grimal, M. Führmann, Karl Büchner, López Kindler, além de seu próprio trabalho[3]. Suas conclusões permitiram a definição de quatro pontos principais: primeiro, que o estudo do vocabulário era fundamental para a definição de cada termo dentro da obra; segundo, que a composição do *De Clementia* era dominada pela retórica e pelo ensino da filosofia estóica em particular; terceiro, que o modo de exposição utilizado por Sêneca revela uma técnica específica de apresentação da *clementia*, em que as repetições do texto desempenham papel fundamental, pois reportam o leitor sempre ao tema central da obra, isto é, à clemência; e, finalmente, que a intenção de Sêneca, ao propor regras de comportamento ao príncipe, ultrapassava as circunstâncias da produção de sua obra na medida em que sugeria um ideal de Principado.

Esses estudos permitiram, além de uma melhor e mais profunda compreensão da obra, também uma visão mais ampla dos objetivos e pensamento de Sêneca. Os trabalhos[4] que se seguiram a partir de então voltaram-se sobretudo para o conceito da *clementia*, bem como de sua inserção histórica no contexto em que foi elaborado. É o que acontece, por exemplo, com a dissertação de Ingeborg Braren, na qual se pode encontrar uma análise das várias acepções que a *clementia* vai adquirindo, segundo ela, ao longo da obra, como já se fez notar no capítulo anterior.

---

3. P. Grimal, "La composition dans les *Dialogues* de Sénèque. Le *De Constantia Sapientis*", 1949, pp. 246-261. P. Grimal, "La composition dans les *Dialogues* de Sénèque. Le *De Prouidentia*", 1950, pp. 238-257; M. Führmann, *op. cit.*; K. Büchner, *op. cit.*; L. Kindler. *op. cit.*; B. Mortureaux, *op. cit.*, 1973 e 1989.

4. Como I. Braren, *op. cit.*, 1985 e J. Dingel, "*Misericordia Neronis* zur Einheit von Senecas *De Clementia*", por exemplo.

ESTRUTURA DO *DE CLEMENTIA*

Este estudo, por sua vez, aproxima-se mais do segundo grupo de trabalhos acima referido, pois procura analisar a teoria de poder elaborada por Sêneca em seu tratado, bem como a relação existente entre a produção dessa obra e o contexto histórico em que foi elaborada.

Essas questões, entretanto, não podem ser realmente definidas sem um estudo bastante acurado da estrutura do tratado, já que têm implicações importantes no que concerne aos seus objetivos. Assim, a análise que segue, ao esclarecer o plano lógico-argumentativo do *De Clementia*, permite uma melhor visualização da seqüência de exemplos utilizados por Sêneca; a partir dela, é possível observar o jogo de oposições em que aqueles exemplos figuram e, finalmente, reconhecer um novo arranjo, qual seja, o das contradições, omissões, pressupostos e eventuais lapsos presentes na obra.

Esse breve exame busca, além de confrontar os dados já disponíveis na bibliografia consultada, observar o encadeamento dos elementos que compõem a obra, bem como a sucessão de idéias no interior de uma determinada exposição e a sucessão dessas exposições ao longo do texto. Assim, acompanha-se o raciocínio de Sêneca, obtendo um contorno mais definido dos argumentos por ele apresentados. Para que isso fosse possível, finalmente, procurou-se ainda identificar todos os personagens e as referências que aparecem nos exemplos expostos, situando-os em seus respectivos contextos históricos, além de observar a quais temas estariam ligados dentro da obra. Isso permite que se perceba, ao se analisar a seqüência e a freqüência com que são apresentados, as vicissitudes da argumentação senequiana, de forma a evidenciar quaisquer incoerências e antagonismos, bem como as principais conjecturas do tratado.

O Plano Lógico-Argumentativo de Sêneca

O plano da obra aqui proposto baseia-se no texto tradicional[5], conforme aparece na edição de C. Hosius[6], utilizado também na edição inglesa[7]. As traduções francesa[8] e portuguesa[9], por sua vez, apresentam uma divisão tripartite da obra, de acordo com o texto estabelecido por F. Préchac. Esse plano foi realizado, a princípio, para que o leitor possa ter uma noção geral dos temas abordados no *De Clementia*, de forma a poder compreender melhor a análise dos grupos temáticos que aparecem na seqüência deste capítulo.

Livro I

I – Proêmio

1 – *De Clem.* I, 1,1 – Declaração de intenção (dedicatória da obra a Nero).

2 – *De Clem.* I, 1, 2-4 – Maneira de se exercer a clemência (monólogo atribuído a Nero sobre seus deveres como soberano).

3 – *De Clem.* I, 1, 5-7 – Benefícios pessoais da prática da clemência.

4 – *De Clem.* I, 1, 8-9 – Satisfação e admiração tanto dos "insignificantes" como dos "poderosos" em relação à clemência de Nero.

II – Introdução

5 – *De Clem.* I, 2, 1 – Sêneca refuta a opinião daqueles que reprovam a clemência por ela se manifestar apenas no interesse dos pecadores.

6 – *De Clem.* I, 2, 2 – Para a aplicação da clemência é necessária a existência de um padrão, a fim de que ela não seja nem inacessível, nem se torne banal.

---

5. Convém ressaltar que, como o texto tradicional está incompleto, não há possibilidade de se empreender uma análise de sua estrutura como um todo.

6. C. Hosius, *De Beneficiis et De Clementia*, 1900.

7. J. W. Basore, Seneca. *Moral Essays*, 1985, t. I, p. XIV.

8. F. Préchac, *op. cit.*, 1921, p. VI.

9. I. Braren, *op. cit.*, 1990, p. 15, que, a seu turno, inspirou-se na tradução francesa.

ESTRUTURA DO *DE CLEMENTIA*

III – Divisão da Obra

7 – *De Clem.* I, 2, 3 – Divisão do conteúdo da obra em três partes: a primeira é indicada nesse sumário por um texto corrompido e ininteligível (*manumissionis*); a segunda procurará mostrar em que consiste a clemência, e como ela se distingue de certos vícios com os quais as aparências poderiam fazê-la se confundir; a terceira buscará os meios de criar e de conservar essa virtude.

IV – Argumentação

8 – *De Clem.* I, 3, 2-3 – A clemência, que convém a todos os homens em geral, convém particularmente aos reis e aos príncipes: ela lhes assegura a devoção dos indivíduos, dispostos a tudo para salvaguardar seu governante.

9 – *De Clem.* I, 3, 4-5 e I, 4 – Essa devoção é legítima, porque o povo não pode subsistir sem o príncipe, nem o príncipe sem o povo.

10 – *De Clem.* I, 5 – Em função dessa solidariedade, é preciso que o príncipe seja clemente: a clemência é a marca da verdadeira grandeza.

11 – *De Clem.* I, 6 a I, 7, 3 (até o termo *inconcusso*) – A clemência é necessária porque todos são considerados culpados. O príncipe, portanto, deve ser indulgente como os deuses.

12 – *De Clem.* I, 7, 3 (a partir da expressão *facilius priuatis ignoscitur*) a I, 8, 13 – Quanto mais a posição do príncipe é elevada, menos ele deve se encolerizar, pois é menos livre que os homens em geral.

13 – *De Clem.* I, 8, 13 a I, 10 – É a partir da clemência que o príncipe garantirá melhor a sua segurança: Sêneca o prova pelo exemplo de Augusto (passagem que começa a partir de I, 9, 1 e se divide em: monólogo de Augusto em dois momentos; intervenção de Lívia; discurso de Augusto a Cina em quatro partes – revelação de seu conhecimento acerca da conspiração, detalhes do plano de atentado, interrogação sobre as atitudes de Cina e proposta de reconciliação).

14 – *De Clem.* I, 11, 1-3 – Comparação da clemência de Nero com a de Augusto.

15 – *De Clem.* I, 11, 4 a I, 13 – É a clemência que diferencia o tirano, constantemente ameaçado, do rei, que conta com o amor de seus súditos.

16 – *De Clem.* I, 14 a I, 16, 1 – O príncipe deve ser como um pai de

família, que pune de forma bastante moderada e visando apenas ao arrependimento; Sêneca contrapõe então os exemplos de Triconte (que açoitou seu filho em praça pública) e de Tário (que perdoou o seu mesmo tendo ele conspirado contra si).

17 – *De Clem.* I, 16, 2 a I, 19, 4 – Qualquer um que tenha autoridade sobre outros seres não deve praticar nenhum ato de crueldade. O dirigente do Império deve se igualar ao médico, ao professor e ao militar; sua clemência está ainda espelhada na natureza: os costumes das abelhas são um testemunho.

18 – *De Clem.* I, 19, 5-9 – O amor dos súditos é a melhor proteção para o príncipe.

19 – *De Clem.* I, 20-21 – O príncipe pode punir para se vingar: nesse caso, melhor que a severidade, a clemência guarda a sua grandeza e a sua glória.

20 – *De Clem.* I, 22-24 – O príncipe pode punir visando ao interesse geral; mas os resultados que ele busca obter por meio de castigos, quais sejam, relevância moral do culpado, aperfeiçoamento dos costumes comuns pelo exemplo e segurança dos cidadãos honestos, são alcançados mais seguramente pela clemência do que pela crueldade.

21 – *De Clem.* I, 25-26 – A crueldade não é humana, é abominável. Ela atrai para si mesma todos os perigos.

Livro II

1 – *De Clem.* II, 1-2 – Sêneca comenta com admiração uma atitude de Nero. O exemplo da clemência que o Imperador dá ao mundo surtirá, segundo ele, bons efeitos.

2 – *De Clem.* II, 3 – Pode-se definir a clemência por inúmeras fórmulas, que Sêneca enumera ("temperança de espírito de quem tem o poder de castigar"; "brandura de um superior perante um inferior"; "inclinação do espírito para a brandura ao executar a punição"; "moderação que tira alguma coisa de uma punição merecida e devida").

3 – *De Clem.* II, 4, 1-3 – O contrário da clemência não é a severidade, mas a crueldade.

4 – *De Clem.* II, 4, 4 a II, 6 – A clemência deve ser distinguida da

ESTRUTURA DO *DE CLEMENTIA*

compaixão, fraqueza que o sábio evita; o príncipe deve seguir os exemplos do sábio.

5 – *De Clem.* II, 7 – A clemência deve ser distinguida também do perdão, que não convém a um verdadeiro sábio.

(O resto do tratado se perdeu).

Em princípio, uma primeira leitura deste plano do *De Clementia* permite inferir que há uma série de idéias que, aparentemente, estão colocadas num mesmo plano, sem um respeito maior pela sua hierarquia. B. Mortureaux[10], chamou a isso de "análise linear", e propôs um estudo muito mais aprofundado, em que leva em consideração não só os argumentos do tratado e sua disposição ao longo da obra, mas também o significado e o valor adquiridos pelo vocabulário utilizado por Sêneca em sua composição. Trata-se, portanto, de um trabalho bastante rigoroso de lexicografia, ao qual se recorreu por explicitar, de modo extremamente inovador, toda a arquitetura da argumentação senequiana e toda a complexidade da nova teoria política que dela se depreende.

De acordo com Mortureaux, o livro I[11] pode ser dividido em cinco grandes conjuntos: três grupos formados por dois pares de textos que se correspondem, e dois grupos a que ele chamou de "intermediários"[12]. As correspondências dar-se-iam, então, nesse sentido:

1	4	2	3	3	2	5	1
I, 1	I, 2-8, 5	I, 8, 6-10	I, 11	I, 12-13	I, 14-16, 1	I, 16, 2-24	I, 25-26

10. B. Mortureaux, *op. cit.*, 1973, pp. 12-13.

11. Seu estudo diz respeito apenas ao livro I do tratado. O livro II não foi considerado para fins de análise por estar incompleto e, portanto, por não permitir o estabelecimento preciso de sua estrutura. Ver B. Mortureaux, *op. cit.*, 1973, p. 11.

12. Ver B. Mortureaux, *op. cit.*, 1973, pp. 15 e 39, respectivamente.

em que o grupo 1 (I, 1 e I, 25-26) corresponderia, respectivamente, ao elogio de Nero clemente e às imprecações contra a crueldade; o grupo 2 (I, 8, 6-10 e I, 14-16, 1) ao processo de Cina e ao processo do filho de Tário; o grupo 3 (I, 11 e I, 12-13) ao paralelo entre a crueldade de Augusto e a clemência de Nero e o paralelo entre o tirano e o bom rei; e, finalmente, os grupos intermediários 4 e 5 (I, 2-8, 5 e I, 16, 2-24), em que se faz uma exposição da condição principesca da qual resulta a necessidade de ser clemente, e em que se evoca a autoridade de um homem sobre outro e de um homem sobre um animal.

A análise que segue procurará conciliar esses dois planos, de modo que se possa avançar no estudo da estrutura do *De Clementia* a partir de dois enfoques distintos, porém, complementares.

Em *De Clem.* I, 1 observa-se que Sêneca elabora sua dedicatória a Nero atribuindo-lhe, em seguida, um monólogo em que este demonstra ter consciência de seus deveres como soberano. Apresenta, portanto, o sujeito (a clemência), o destinatário (Nero) e a intenção da obra (mostrar Nero como a maior de todas as satisfações). Elogiando Nero e sua clemência, esse preâmbulo apresenta-se como uma espécie de *adulatio* ou de uma *laus*. No *De Clem.* I, 2 a I, 4, no entanto, verifica-se o rigor de um pensamento que segue um curso preciso, pois o vocabulário utilizado remete a três grupos distintos de palavras: um vocabulário jurídico e religioso, um que se refere às atividades militares e outro concernente aos aspectos morais[13]. O vocabulário jurídico-religioso exprime os fundamentos do *arbitrium* do príncipe, que tem de prestar contas apenas aos deuses; traduz, em resumo, as relações entre Nero e o todo que

---

13. *Idem*, pp. 16-19.

ESTRUTURA DO *DE CLEMENTIA*

lhe é submisso. Esses dois grupos de palavras exprimem, portanto, os fundamentos mesmos de uma monarquia absoluta, ou seja, uma forma de governo com bases religiosas em que as leis devem ser respeitadas, tal como já o havia estabelecido Augusto. Finalmente, o vocabulário de cunho moral traduz o modo pelo qual Nero deve exercer seu poder, ou seja, por meio da clemência inspirada pelos deuses.

Na seqüência (*De Clem.* I, 1, 5-6), são apresentadas as vantagens pessoais que Nero retira do uso da clemência (glória, reconhecimento e afeição). Sua grande responsabilidade para com todos, afirma Sêneca, não seria apenas aprovada pelos "insignificantes", mas também pelos "poderosos", que, constantemente em evidência, deveriam ser alvo da clemência principesca com mais freqüência, revelando, assim, também as vantagens que o mundo retira de sua clemência (*De Clem.* I, 1, 7-9), como uma espécie de retorno à Idade de Ouro[14]. Essa primeira exposição dá lugar, pois, ao que Mortureaux reconhece como sendo o primeiro grupo intermediário da obra (*De Clem.* I, 2-8, 5). Nela, Sêneca refuta a opinião dos que são contrários à clemência por ela se manifestar apenas no interesse dos pecadores. Depois, fala da necessidade dessa virtude e adverte para que seja utilizada com equilíbrio, a fim de que não se transforme em outra coisa que não ela mesma. Em *De Clem.* I, 3, 1 propõe a divisão do conteúdo da obra (*diuisio*) retomando, a seguir (*De Clem.* I, 3, 2), a argumentação anterior. Para Sêneca, a clemência convém a todos, mas especialmente aos reis e príncipes, já que é por meio dela que têm a garantia da

---

14. É assim que o início do governo de Nero é visto em muitas obras do período, como no *Apocolocyntosis*, de Sêneca (4, 1), nas *Bucólicas*, de Calpúrnio Sículo (éclogas I, v. 2 e IV, v. 30, entre outras) e no proêmio da *Farsália*, de Lucano.

devoção de seus súditos. Estes, por sua vez, não podem subsistir sem o príncipe, pois dele dependem sua proteção e existência. O príncipe pode ser então, por isso, considerado digno de grandeza. A conclusão a que chega Sêneca (*De Clem.* I, 6), finalmente, remete à introdução dessa primeira parte (*De Clem.* I, 1, 1): a clemência é necessária porque não existe quem não seja culpado de alguma coisa; portanto, não se pode dizer que ela se manifesta apenas no interesse dos pecadores, porque todos o são. Sendo assim, o príncipe deve agir como os deuses, não se deixando dominar pela cólera. Isso o torna diferente e menos livre, portanto, que os homens em geral.

O conjunto dos capítulos que forma esse primeiro grupo intermediário revela, pois, uma exposição da condição principesca, da qual resulta a necessidade de ser clemente[15]. Ela comporta, por sua vez, dois planos: um que define a função do príncipe e outro que precisa a sua responsabilidade, de modo a evidenciar a associação indissolúvel do governante e dos governados, como já se fez notar no capítulo anterior. Para tanto, são empregadas metáforas jurídicas (*De Clem.* I, 4, 3 e I, 6, 1) e morais (*De Clem.* I, 3, 5; I, 4, 1 e I, 5, 1, por exemplo); perífrases sobre a origem do poder do príncipe (*De Clem.* I, 5, 3; I, 5, 5 e I, 5, 7), sobre a grandeza desse poder (*De Clem.* I, 5, 3-4) e ainda sobre o alcance desse poder (*De Clem.* I, 5, 4 e I, 5, 6); além de comparações da posição do príncipe por meio de imagens (*De Clem.* I, 3, 3; I, 3, 5; I, 5, 7 e I, 7, 1-4). Essa análise da condição principesca é feita, enfim, não por ela mesma, mas para "convidar o príncipe à clemência"[16].

15. B. Mortureaux, *op. cit.*, 1973, p. 41.
16. *Idem*, p. 45.

ESTRUTURA DO *DE CLEMENTIA*

O desenvolvimento que se segue (o processo de Cina – *De Clem.* I, 8, 6-10) procura mostrar a utilidade da clemência. Ela é necessária também porque garante a segurança do príncipe. Augusto perdoa aquele que o tentou matar, oferecendo o consulado e transformando-o em seu principal herdeiro. Em sua fala, Sêneca enumera ainda inúmeros outros personagens que haviam conspirado contra Augusto, os quais, uma vez descobertos, foram eliminados. O fato de terem sido suprimidos, no entanto, de nada valeu, pois novos conspiradores tornaram a aparecer. Depois de sua atitude para com Cina, sublinha, Augusto nunca mais teria sido alvo de atentados[17]. Passagem semelhante aparece também, mais adiante, em *De Clem.* I, 23, 1, quando Sêneca faz alusão à severidade de Cláudio em relação aos crimes de parricídio: quanto mais ele os perseguia, mais crimes eram cometidos.

Além disso, perceberás que são sempre praticados os delitos que são sempre punidos. Teu pai, durante cinco anos, mandou costurar dentro de sacos muito mais condenados do que ouvimos mencionar em todos os séculos. [...] Assim começaram os parricídios com a lei consoante, e foi o próprio castigo que mostrou aos nossos filhos esta vilania [...]

A conclusão a que chega Sêneca é a de que somente a clemência pode colocar um fim na ocorrência de delitos graves (esse argumento vai ser retomado ainda entre *De Clem.* I, 16, 2 e I, 19, 4 e em *De Clem.* I, 22-24).

---

17. Parece, assim, que a primeira metade do livro I destina-se claramente a mostrar que a clemência é a virtude por excelência do príncipe, porque ela responde às duas condições enunciadas pelos estóicos, que são a de ser honorável e útil. Ver, por exemplo, Cícero, *De Officiis*, III, 11 e III, 27 e *De Finibus Bonorum et Malorum*, III, 27 e IV, 56.

IMAGENS DO PODER EM SÊNECA

A partir do exemplo de Cina, Sêneca compara, então (em *De Clem.* I, 11), a clemência de Augusto, tardia, com a de Nero, que já despontava em seus primeiros anos de governo. A principal diferença nessa passagem, mais uma vez, está no vocabulário[18]: concreto quando se trata de enumerar a crueldade de Augusto, e abstrato e de caráter moral quando define a atitude de Nero. Embora a maior parte seja dedicada à clemência de Augusto, pois Nero havia pouco iniciara sua vida pública, Sêneca censura Augusto por sua clemência tardia exaltando Nero, não deixando, portanto, que este ficasse à sombra daquele. Disso (a partir de *De Clem.* I, 12 e em I, 13), infere ser justamente a clemência a diferença entre um tirano (constantemente ameaçado, como Augusto) e um rei (que é amado pelos seus súditos, como Nero). Para além disso, Nero deveria saber diferenciar dentre seus adversários os que poderiam se tornar inimigos em potencial (como os que traíram Augusto), e aqueles que um dia poderiam vir em seu auxílio, mesmo tendo estado em campo adversário (como Quinto Délio, Cneu Domício Aenobarbo e Marco Valério Messala Corvino, que abraçaram a causa de Augusto – nessa época ainda Octaviano – durante a Batalha de Ácio).

No que se refere ainda à questão das diferenças entre o rei e o tirano, o importante para Sêneca não era a nomenclatura, mas as atitudes do governante. Para demonstrar sua afirmação, recorreu a inúmeros exemplos: no primeiro deles comparou Dionísio, o Velho, que, mesmo tendo transformado Siracusa numa poderosa cidade do Mediterrâneo foi chamado de tirano pelos historiadores, seus contemporâneos[19]; e Sula, que

---

18. B. Mortureaux, *op. cit.*, 1973, pp. 32-33.

19. Interessante notar que, em *Ad Marciam de Consolatione* 17, 5, Dionísio é tomado como um exemplo de atrocidade e injustiça, tendo se portado bem apenas

ESTRUTURA DO *DE CLEMENTIA*

apesar de seu valor militar, havia trucidado milhares de inimigos (*De Clem.* I, 12, 1).

"Então quê? Os reis não costumam matar?" – Sim, mas somente quando o interesse público os persuade a fazê-lo. A sevícia está no coração dos tiranos. Contudo, o tirano difere do rei pelos atos, e não pelo nome. Portanto Dionísio, o velho, por direito e mérito, pode ser preferido a muito reis; e o que impede Lúcio Sila de ser denominado tirano, ele, a quem somente a escassez de inimigos fez pôr fim à matança?

Nero, portanto, não deveria fazer como aqueles que (referências implícitas a Tibério e Calígula) preferiam ser até mesmo odiados, conquanto fossem respeitados. Ao contrário, deveria igualar-se ao médico, ao professor e ao militar, pois eles tratam os que estão sob seus cuidados moderadamente e visam apenas ao arrependimento das faltas cometidas.

Na próxima seqüência (*De Clem.* I, 14-16, 1), Sêneca menciona os exemplos de Tário e Triconte, dois cavaleiros romanos da época de Augusto vítimas das conspirações de seus filhos. Tário contentou-se em exilar seu filho, mas Triconte matou o seu por meio de açoites em praça pública (*De Clem.* I, 15, 1-7). Essa narrativa, assim como a de Cina, pretende acumular testemunhas do respeito às formas judiciárias por parte de Augusto[20]. Ela complementa, por sua vez, a de Cina: nela Augusto exerce o papel de advogado (que não exerce no episódio anterior), respeita todas as formas judiciárias, e a sentença está de acordo com os dados do processo, ou seja, existe

quando seus próprios interesses estavam em jogo: "[...] lá estará o tirano Dionísio, destruição da liberdade, da justiça, ávido do despotismo [...]" (Tradução de C. F. Raij, Sêneca, *Cartas Consolatórias*, 1992).

20. B. Mortureaux, *op. cit.*, 1973, p. 30.

uma punição, embora atenuada. O que Sêneca quer demonstrar com isso é que o príncipe deve se submeter à lei para respeitar os direitos do outro e evitar qualquer tipo de arbitrariedade na punição. Ele possui, no entanto, liberdade diante dela, pois pode exercer a clemência no domínio que melhor lhe parecer, seja no âmbito público, seja no privado[21].

O segundo grupo intermediário (*De Clem.* I, 16, 2 a I, 24) é dividido, a seu turno, em dois grandes conjuntos: um (*De Clem.* I, 16-2 a I, 19) é vivo e permeado de imagens; já o outro (*De Clem.* I, 20 a I, 24) é estritamente demonstrativo[22]. No primeiro conjunto pode ser observada uma série de exemplos que enumeram as diversas formas de autoridade, quais sejam, a do pai em relação aos filhos, a do professor em relação aos alunos e a do centurião em relação a seus soldados, evocando, assim, a autoridade de um homem sobre outro. No segundo conjunto, ao contrário, Sêneca evoca a autoridade do homem sobre um animal: a do mestre domador, a do caçador e a do condutor de mulas. Seguem-se outros três exemplos, mais desenvolvidos: a autoridade do príncipe em relação à do médico (*De Clem.* I, 17), à do senhor de escravos (*De Clem.* I, 18) e à do "rei" das abelhas (*De Clem.* I, 19, 2-4).

No primeiro caso, o argumento de Sêneca vai no sentido de que o príncipe, tal como um médico, é capaz de exercer uma autoridade sobre seus subordinados sem impor sua vontade. Já em relação ao senhor de escravos, remete-se a Védio Polião, um dos conselheiros de Augusto que agia com grande crueldade para com seus escravos. Nesse exemplo, Sêneca aconselha Nero a preservar sua imagem, para não ser lembrado como

21. *Idem*, pp. 30-31.
22. *Idem*, p. 49.

ESTRUTURA DO *DE CLEMENTIA*

aquele que "nasceu para o flagelo público". Conclui então que o príncipe, pela sua própria posição, não deve fazer mal a absolutamente ninguém, pois sendo mais poderoso do que todos pode destruir tudo à sua volta com uma simples alteração de voz. Finalmente, no *exemplum* retirado de Virgílio[23], em que se observa o relato da convivência das abelhas, Sêneca admite que o "rei", por ser mais poderoso, é também maior, e protege-se no centro da colméia. Esse é o mote para concluir que apenas o amor dos súditos pode salvaguardar o príncipe de quaisquer perigos.

Em seguida (*De Clem.* I, 20-24), Sêneca substitui a acumulação de exemplos por um exame metódico dos motivos que devem levar o príncipe à indulgência. Fala então das punições que ele deve empreender. Segundo o filósofo, existem duas instâncias em que algum tipo de punição deve ser efetivado: aquela que se refere a uma injúria feita ao príncipe (*De Clem.* I, 20, 21), e aquela que diz respeito ao interesse geral (*De Clem.* I, 22-24). No primeiro caso, a clemência do príncipe salvaguarda sua honra e grandeza; já no segundo, garante a segurança de cidadãos honestos. Os exemplos voltam a aparecer apenas nos últimos capítulos, quando Sêneca desaprova a severidade de Cláudio em relação aos delitos (particularmente os de parricídio, em *De Clem.* I, 23, 1), retomando a argumentação utilizada entre *De Clem.* I, 16, 2 e I, 19, 4 acerca dos crimes que são combatidos com mais crimes; e quando menciona um decreto do Senado em relação aos escravos (em I, 24, 1). Sêneca procura provar, com isso, que a clemência atinge muito melhor os objetivos do príncipe do que a severidade ou

23. Virgílio, *Geórgicas*, IV, 212.

mesmo a crueldade, sobre a qual vai discorrer nas próximas duas passagens (*De Clem.* I, 25-26).

A continuidade de sua exposição dá-se por meio de um novo exemplo, que o príncipe não deve seguir, qual seja, a da crueldade de Alexandre, que lançara Lisímaco, um de seus generais, entre as feras (*De Clem.* I, 25, 1). A partir dessa passagem, em que se observam alguns elementos da imagem tradicional do tirano (exemplificada no texto ainda pelas referências a Dionísio, Fálaris e Calígula), Sêneca conclui ser a crueldade odiosa, pois obriga os que dela fazem uso a persistir nela. Finalmente, acrescenta que a prática da crueldade não proporciona segurança, pois suscita revolta pública e permite que conspirações sejam tramadas em segredo.

O vocabulário empregado nessa seqüência, segundo Mortureaux[24], opõe-se de maneira bastante evidente àquele empregado no primeiro grupo da obra (*De Clem.* I, 1 – jurídico, religioso e moral), pois a intenção aqui é propiciar um retrato da decadência do homem e da destruição do universo. Em *De Clem.* I, 26, 5, no entanto, há uma evocação da felicidade prometida desde I, 1, sublinha-se o reconhecimento dos cidadãos (*De Clem.* I, 5) e precisa-se, finalmente, o verdadeiro conteúdo da clemência, como que respondendo a *De Clem.* I, 4 e I, 5.

Após expressar sua admiração por uma atitude de Nero na qual este demonstrou hesitação ao assinar uma condenação capital[25], o segundo livro do *De Clementia* dá continuidade ao primeiro na medida em que inicia sua argumentação a partir da distinção entre severidade e crueldade.

---

24. B. Mortureaux. *op. cit.*, 1973, p. 22.

25. Também Suetônio dá notícia dessa atitude de Nero: "Certo dia em que o convidaram a assinar uma condenação capital, disse: 'Queria não saber escrever!' " (Suetônio, Vida de Nero X).

ESTRUTURA DO *DE CLEMENTIA*

[...] Lembro-me, quando foi dito, de ter ouvido, não sem admiração e, em seguida, de ter repetido a outros o pronunciamento generoso, de grande alma, de grande brandura [...] No momento em que ia condenar dois ladrões, Burro, o teu prefeito [...] exigia de ti que escrevesses os nomes dos condenados [...] [e ti] constrangido, exclamaste: "Gostaria de não saber escrever" (*De Clem.* I, 1, 1).

Isso é necessário, segundo Sêneca, para que se possa tomar conhecimento do verdadeiro oposto da clemência. A partir daí, observa-se a distinção de dois tipos de crueldade: a daqueles que não têm motivo para punir (como as de Busires e Procrustes, em *De Clem.* II, 4, 1-2); e a daqueles que, mesmo tendo motivos para punir, não têm nenhuma medida (como a de Fálaris, em *De Clem.* II, 4, 3). A fim de que o príncipe não incida na crueldade, Sêneca passa a definir os vários estados da alma, explicando a origem de uma paixão para que ela não seja confundida com uma virtude (*De Clem.* II, 3-7 e II, 7, 1). Assim, pois, primeiramente distingue a clemência da compaixão, já que muitos tomam esta última como sendo uma virtude e não uma fraqueza, o mesmo fazendo com o perdão. O que se percebe então é uma clara contraposição de idéias: a distinção entre duas virtudes (severidade e clemência), e entre uma virtude (clemência) e outras paixões (compaixão e perdão).

No primeiro caso, conclui-se que, por suas características, a severidade não é o contrário da clemência, pois visa a interesses justos e não pérfidos como a crueldade, esta sim o verdadeiro contrário da clemência. No segundo, Sêneca afirma que a compaixão, bem como o perdão, não podem ser tomados como virtudes, mas como fraquezas, pois implicam sofrimento e, como decorrência, tristeza. E nada disso pode ocorrer sem que haja perturbação da razão e da serenidade do príncipe, sem que sua lucidez seja comprometida. Portanto, não convém a um verdadeiro sábio, a quem o príncipe deve imitar. O sábio deve ser útil, assim como o príncipe, e ambos não devem se abalar perante as misérias do mundo, pois quando isso acontece, correm o risco de não poder proceder a julgamentos com a devida clareza e probidade.

O segundo livro revela ainda, apesar de incompleto, uma seqüência de temas que retoma a estrutura do primeiro. Ele apresenta-se, no entanto, "bastante debilitado"[26]: o novo elogio a Nero clemente (*De Clem.* II, 1-2) é pesadamente acentuado e as sentenças que sugerem os poderes e os deveres do príncipe, as relações entre o príncipe e os deuses e entre o príncipe e os homens são apresentadas mediante frases curtas, pouco desenvolvidas, enquanto a passagem *De Clem.* II, 3-7 muda bruscamente de tom, evidenciando a forma rigorosa de exposição adotada pela escola estóica. Além disso, o livro II retoma dois temas já existentes no livro I, quais sejam, a frase de Ácio e a metáfora do *caput/corpus* (embora nos dois casos seus usos sejam diferentes).

A estrutura do *De Clementia* permite, dessa maneira, algumas conclusões bastante significativas. Em primeiro lugar, que o primeiro capítulo do livro I adquire o formato de um longo preâmbulo em que Nero e sua clemência são elogiados a todo o momento. No conjunto, reflexões, exemplos e fórmulas vão se repetindo de maneira brilhantemente arquitetada, embora revelem uma verdadeira fixação em dois temas, que são reconduzidos ininterruptamente durante todo o livro I, quais sejam, o das virtudes de Nero e o da segurança que a clemência (uma de suas virtudes) proporciona aos que dela fazem uso (no caso, os reis)[27]. Embora a temática seja recorren-

---

26. B. Mortureaux, *op. cit.*, 1973, p. 76-77.

27. E. Albertini, *op. cit.*, p. 73.

ESTRUTURA DO *DE CLEMENTIA*

te, as divisões e subdivisões lógicas estão presentes e percorrem toda a obra. Assim, apesar da profusão de paradoxos, antíteses, metáforas e paralelos, que formam uma série de "choques discretos"[28], o tratado possui uma lógica argumentativa latente, com articulações, divisões e subdivisões bastante claras e desenvolvidas, cada uma delas constituindo uma análise de situações concretas e de apreciações de grande agudeza sobre a natureza e o comportamento humanos.

Na primeira parte, por exemplo, em *De Clem.* I, 5, 2, Sêneca sublinha a distinção entre as considerações válidas para todos os homens e a aplicação particular destas idéias aos príncipes; em *De Clem.* I, 8, 6, coloca ao lado do tema sobre a grandeza do príncipe, o da sua segurança; em *De Clem.* I, 11, 4, resume o que é adquirido quando se é clemente, ou seja, honra, segurança e poderes imperiais; em *De Clem.* I, 12, 3, anuncia um desenvolvimento posterior (sobre Sula, ao qual não retorna no que restou do texto); em *De Clem.* I, 20, 1, divide em dois tópicos os capítulos que seguem (distinção entre os dois tipos de punição); em *De Clem.* I, 21, 1, analisa o primeiro tipo; em *De Clem.* I, 22, 1, marca a passagem para a explicação do segundo decompondo-o em três idéias subordinadas, quais sejam, a da "correção da pessoa punida", a da "conversão dos demais" súditos para o bem em função da punição estabelecida por outrem, e "supressão dos maus" para que outros possam viver em segurança[29]. Além disso, em algumas passagens encontram-se elementos que evidenciam as regras utilizadas para a composição de um discurso, tal como na fala de Augusto quando do episódio de Cina. Nele pode-se verificar a

---

28. Kenney, *op. cit.*, p. 515.
29. E. Albertini, *op. cit.*, pp. 262-263.

existência, respectivamente, do *exordio*, da *narratio*, da *argumentatio*, da *peroratio*, e mesmo de uma concessão oratória (*De Clem.* I, 9, 1)[30].

Do que se possui da segunda parte, observa-se que as frases iniciadas em II, 3, 1 (sobre a natureza e os limites da clemência), II, 4, 1 (distinção entre clemência e severidade) e II, 4, 4 (distinção entre clemência e compaixão e, mais adiante, entre clemência e perdão) indicam que as diferentes noções serão examinadas uma após a outra, em uma ordem visivelmente premeditada.

> II, 3, 1: E para que o vistoso nome de clemência porventura não nos venha a enganar alguma vez e nos desvie para uma direção contrária, vejamos o que é a clemência, qual a sua natureza e quais seus limites.
>
> II, 4, 1: Os inexperientes julgam a severidade como o contrário da clemência, mas jamais uma virtude é a contrária a outra virtude. O que, pois, é o oposto da clemência? É a crueldade, que nada mais é do que a dureza de alma ao executar punições [...]
>
> II, 4, 4: Nesta altura, é pertinente investigar o que é compaixão, pois a maioria dos homens louva-a como virtude e chamam compassivo ao homem bom. E ela é um defeito de alma. [...]

A argumentação senequiana, portanto, não é muito fácil de ser observada, pois vários aspectos de uma mesma idéia são desenvolvidos num único tópico, de forma que a primeira impressão que se tem é a de um texto bastante desordenado e com muitas repetições. De acordo com Kenney, esse aspecto da prosa senequiana leva muitos estudiosos a afirmarem que seus escritos possuem "uma deficiência no senso de proporção e uma inabilidade para concluir determinados tópicos"[31],

---

30. M. Renard, "Sénèque, historien de la conjuration de Cinna", 1937, p. 245.
31. Kenney, *op. cit.*, p. 516.

causando o efeito de uma pessoa que fala sem parar, demonstrando inúmeros pontos de sua argumentação como melhor lhe parece, sem um plano preconcebido, enfim. Não é, entretanto, o que afirma Albertini[32] – segundo o qual o *De Clementia*, à maneira de outras obras já escritas por Sêneca, segue um plano formado e anunciado anteriormente, e desenvolvido em seguida ponto por ponto –, e Mortureaux[33], para quem o desenvolvimento do pensamento de Sêneca segue um plano "muito simples e muito claro", em conformidade com os usos retóricos próprios da filosofia. Engenhosa e surpreendentemente, Sêneca, a partir do centro do livro I, retoma os procedimentos de expressão adotados na primeira metade em ordem exatamente inversa, não, entretanto, para recolocar as mesmas idéias, mas para lhes enriquecer com um desenvolvimento que se desenrola em sentido contrário. Nos próximos itens deste capítulo, procurar-se-á demonstrar ainda que, à parte o desenvolvimento observado em sua estrutura, outras ordenações podem ser verificadas sem prejuízo das demais.

Exemplos Citados no De Clementia

Para Albertini[34] é justamente a utilização de exemplos que permite a Sêneca a construção do plano sobre o qual a execução da obra se pautará, já que cada um deles pertence a uma categoria de situações específicas e possui um lugar previsto dentro da composição. Já em 1906, D. Steyns dedicou todo um estudo às metáforas e comparações nas obras em prosa de Sêneca, elegendo os temas mais recorrentes e buscando, em cada uma de

---

32. E. Albertini, *op. cit.*, p. 262.
33. B. Mortureaux, *op. cit.*, 1973, p. 65.
34. E. Albertini, *op. cit.*, p. 262.

suas obras, a passagem correspondente. Não se trata, todavia, de mero levantamento de dados, uma vez que, ao final de cada capítulo, Steyns propõe uma análise bastante percuciente do material coletado. Segundo este autor, Sêneca, embora tenha utilizado comparações que já faziam parte do domínio mesmo do estoicismo, soube inovar pela vivacidade e pelo charme pitoresco de suas expressões, tendo aproveitado sobremaneira as transposições já realizadas da língua grega para a latina por Cícero, o que em muito contribuiu para a lapidação de seu estilo[35].

Grande parte dos personagens utilizados por Sêneca no *De Clementia* figura em seus exemplos, que se apresentam exaustivamente a cada sugestão e a cada advertência feitas ao príncipe, o mesmo acontecendo com as passagens históricas e os autores dos quais também se serve para a elaboração de seu texto. Em geral, Sêneca estabelece, manifestamente, se não uma comparação entre esses exemplos, ao menos um paralelo entre as situações, justapondo gregos e romanos de diferentes contextos (embora prefira os acontecimentos mais recentes). No final de cada comparação, acaba unindo as duas situações em uma conclusão comum sobre as condutas de seus personagens[36], de modo a chamar a atenção do leitor para o que realmente se deve respeitar e seguir, ou, ao contrário, ser censurado. Em caso algum Sêneca deixa de pronunciar o seu juízo de valor sobre a personagem aludida ou o acontecimento narrado, pelo que as citações, as anedotas, os exemplos históricos ou literários nunca devem ser entendidos como manifestações de erudição estéril ou como simples ornatos de composição.

---

35. D. Steyns, *Les métaphores et les comparaisons dans les oeuvres en prose de Sénèque le philosophe*, 1906, p. 18.
36. A. Molinier, "Philippe le bon roi de Cicéron à Sénèque", 1996, p. 78.

ESTRUTURA DO *DE CLEMENTIA*

A maioria desses personagens está bastante próxima do período em que Sêneca escreve, mais especificamente entre o final da República e o advento do Principado, apesar de Sêneca ter buscado inspiração inclusive na mitologia grega (exemplos de Busires e Procrustes). Em todos eles, Sêneca procura um elemento relevante que possa ser utilizado como modelo, seja de boa ou de má conduta. Além das comparações, que se dão geralmente entre dois personagens, Sêneca emprega, constantemente, imagens que remetem às funções paternas (como em *De Clem.* I, 14, 1 e I, 16, 2), à arte militar (*De Clem.* I, 16, 2), aos ofícios (artes liberais [*De Clem.* I, 16, 3], domadores [*De Clem.* I, 16, 4], caçadores [*De Clem.* I, 16, 5]), à medicina (*De Clem.* I, 17, 1), às finanças (*De Clem.* I, 3, 5), ao direito (*De Clem.* I, 20, 2, por exemplo) ou à agricultura (*De Clem.* I, 6, 1), referências estas que, a seu turno, permitem visualizar tanto longas comparações (que têm a função de esclarecer todos os elementos de uma determinada proposição abstrata, como a descrição teórica da crueldade), como uma série de outros breves paralelos, que buscam precisar a idéia a ser compreendida repetindo-a sob múltiplas formas (como no caso das diferenças entre o rei e o tirano). Dessa maneira, pode-se inferir que cada personagem, bem como cada *exemplum* em que surge, cumpre uma função bastante precisa dentro da seqüência articulada de signos proposta por Sêneca, em outros termos, sua presença em determinadas passagens não é meramente ilustrativa, pois é a partir dela que Sêneca vai encontrar os elementos necessários para persuadir o príncipe de que a clemência é um aspecto fundamental para a manutenção de sua segurança e preservação de seus poderes. Por isso, o apelo às tradições e aos antigos valores: eles devem ser seguidos, não apenas lembrados.

IMAGENS DO PODER EM SÊNECA

A fim de melhor compreender a utilização desses *exempla* na argumentação de Sêneca, procurou-se primeiramente identificar os personagens, referências históricas, autores menos conhecidos, entre outros (de acordo com a seqüência do tratado), apresentando alguns dados a seu respeito em notas de rodapé e no Glossário deste livro, para, finalmente, discorrer sobre a pertinência de sua disposição dentro dos grupos temáticos presentes na obra. Assim, tem-se:

Termos de Comparação	Grupo Temático	De Clementia
governos de Augusto e Tibério	governo de Nero	1	I, 1, 6
clemência de J. César	clemência de Nero	1	I, 1, 9
estoicismo	Epicurismo	1	I, 3, 2
Múcio Cévola	Métio Cúrcio	2	I, 3, 5
abelhas[37]	colméia	2	I, 4, 1
Júlio César	Pompeu e Crasso	2	I, 4, 3
sentenças proferidas no processo de Agripina	sentenças a serem proferidas ao longo do governo de Nero	2	I, 5, 4
medidas severas	brandura ao se aplicar leis	2	I, 6, 1
o governante a serviço dos súditos	endeusamento do governante[38]	2	I, 8, 1

37. Citação dos versos de Virgílio em *Geórgicas* IV, 212.
38. Esse paralelo é estabelecido a partir de uma citação de Antígono Gônatas (*nobilis seruitis*). Segundo T. Adam (*apud* I. Braren, *op. cit.*, 1990, p. 55), a recomendação de Antígono ao filho esclarece que toda glória divina ou endeusamento do governante deve lhe permanecer afastada ou desconhecida. Antígono Gônatas foi neto de Antígono (um dos generais de Alexandre, o Grande, que morreu em 301 a.C.) e filho de Demétrio Poliorcetes. Estabeleceu, na Macedônia, a Dinastia Antígona (M. C. Howatson (ed.), *The Oxford Companion to Classical Literature*, 1990, p. 40).

ESTRUTURA DO *DE CLEMENTIA*

Continuação

Termos de Comparação		Grupo Temático	De Clementia
início do governo de Augusto	início do governo de Nero	1	I, 9, 1
Augusto	Cina	1	I, 9, 2
Augusto	conspiradores[39]	1	I, 9, 6
Augusto	*gentes* romanas ilustres[40]	1	I, 9, 10
Augusto	amigos[41]	1	I, 10, 1
início do governo de Augusto	início do governo de Nero	1	I, 11, 1
Dionísio	Sula	3	I, 12, 1-2
Tibério e Calígula[42]	Nero	3	I, 12, 4
Alexandre	Lisímaco	3	I, 13, 1
Triconte	Tário	3	I, 15, 1
Védio Polião	escravos	3	I, 18, 2
"rei" das abelhas	Nero	3	I, 19, 2-4
Cláudio	Sólon	3	I, 23, 1
Alexandre	Lisímaco	3	I, 25, 1

39. Os conspiradores mencionados por Sêneca são, respectivamente: Quinto Salvidieno Rufo; Marco Emílio Lépido; Aulo Terêncio Varrão Murena; C. Fânio Cepião; e M. Inácio Rufo. Ver Apêndice.

40. Os representantes das *gentes* romanas a que Sêneca se refere são, respectivamente: Lúcio Emílio Paulo; *Fabii* (Paulo Fábio Máximo); Cosso Cornélio Lêntulo Getúlico; e *Servilii* (Marco Servílio Noniano). Ver Glossário.

41. Os "amigos" referidos por Sêneca são os que apoiaram a Augusto quando ele precisava, quais sejam: C. Salústio Crispo; M. Coceio Nerva; Quinto Délio; *Domitii* (Cneo Domício Aenobarbo); Marco Valério Messala Corvino; *Asinii* (C. Asínio Polião); Marco Túlio Cícero e Marco Emílio Lépido. Ver Glossário.

42. Referência à frase de Ácio Lúcio (*cc.* 176-86 a.C.), poeta latino e dramaturgo de Pisauro, na Úmbria. Ver Glossário. Aparece duas vezes no *De Clementia* (também em II, 2, 2). Segundo Albertini (E. Albertini, *op. cit.*, p. 213), Sêneca teria utilizado a sentença a partir das obras de Cícero.

Continuação

Termos de Comparação		Grupo Temático	*De Clementia*
declaração de Nero	declarações correntes em Tibério e Calígula[43]	3	II, 1, 2 e II, 2, 2
Busires, Procrustes e piratas	Fálaris	3	II, 4, 1-3

Identificados, portanto, os personagens históricos, os autores e os acontecimentos dos quais Sêneca se vale para compor sua obra, pode-se observar que há uma espécie de "jogo" em suas aparições, percebidos sobretudo pela seqüência com que são apresentados e pela função das oposições estabelecidas entre eles. A análise dessas questões, por sua vez, permitiu a definição de duas ordenações distintas dentro da obra: uma primeira, em que os personagens e as referências históricas encaixam-se numa ordem precisa e visível; e uma segunda, mais implícita, em que todos aqueles elementos do primeiro arranjo encontram-se interligados por meio de imagens comuns.

Primeira Ordenação Temática

A oposição que abre esse primeiro arranjo é a que compara o governo de Augusto ao de Nero (*De Clem.* I, 1, 6). Depois, os exemplos que seguem giram em torno de duas grandes metáforas: a da complementaridade existente entre a "cabeça"

---

43. Novamente, referência à frase de Ácio, preferida de Calígula (Suetônio, Vida de Calígula XXX) e usada vez ou outra por Tibério (Suetônio, Vida de Tibério LIX). Nessa passagem há, ainda, referência a um verso grego ("que a terra se inflame quando eu morrer" – Σμου θαυουτὸ γαια μειχθητω πυρι), a preferida de Tibério (Dião Cássio, *História Romana* LVIII, 23, 4) e usada algumas vezes também por Nero (Suetônio, Vida de Nero XXXVIII).

ESTRUTURA DO *DE CLEMENTIA*

e os "membros" de um corpo (*caput-corpus*), ou seja, entre as partes (príncipe + súditos) e o todo por eles formado (corpo social); e a da distinção entre o *tiranus* e o *rex*, sobre a qual o príncipe deve tomar conhecimento para que sua escolha recaia sobre a opção que melhor lhe aprouver. Note-se que a delimitação entre ambos dá-se a partir de *De Clem.* I, 9, quando Sêneca afirma sua grande oposição (Augusto *versus* Nero) mais explicitamente, e dá início à série de exemplos que irão caracterizar tanto as atitudes de um bom como de um mau governante. Nos dois temas ainda, observa-se que Sêneca procura sempre demonstrar, por meio de inúmeras outras referências, qual o melhor caminho e a melhor decisão a serem tomados por parte do príncipe.

Nesse sentido, em relação à metáfora *caput-corpus*[44], a seqüência argumentativa delineia-se do seguinte modo: em primeiro lugar, a clemência de Nero, mais do que ficar à vista de todos (como o templo dedicado à clemência de Júlio César), deve estar sempre pronta para agir, deve ser permanente, além de estar inscrita na mente das pessoas como certa, precisa e eficiente (*De Clem.* I, 1, 9).

---

44. Essa metáfora não é original em Sêneca. Segundo J. Béranger (*op. cit.*, 1953, p. 223), a Antigüidade greco-romana representava muitas vezes o Estado como um todo orgânico, com partes extremamente solidárias. Expandida das grandes correntes intelectuais originárias do Oriente e da Grécia, sobretudo do estoicismo, que oferecia uma explicação racionalista do mundo, a idéia de *corpus*, em Roma, cristaliza uma concepção em que a totalidade do mundo é abraçada em um conjunto grandioso. A conquista romana encontra, assim, uma justificativa metafísica, pois ela havia distendido os limites da cidade e alargado os seus horizontes até o infinito. Esse *corpus*, por sua vez, possuía uma cabeça, que era o chefe ideal, o príncipe. Juntos, formavam um todo, uma unidade, condição por excelência da perenidade do Império Romano.

IMAGENS DO PODER EM SÊNECA

Entretanto, antes de tudo, aos poderosos e aos insignificantes, sobrevêm-lhes igual admiração pela tua clemência, cada um sente e espera menores ou maiores bens de acordo com a porção de sua sorte, porém da clemência todos esperam o mesmo quinhão. E não existe ninguém que esteja tão exageradamente satisfeito com a sua inocência que não se alegre por estar a Clemência à vista, preparada para velar sobre os erros humanos.

Ela deve servir a todos, sejam eles epicuristas ou estóicos (*De Clem.* I, 3, 2), porque todos estão a serviço e lutam em prol de um único objetivo: o dos interesses do Estado. Daí, pois, os exemplos subseqüentes: os de Caio Múcio Cordo Cévola[45] e Métio Cúrcio (*De Clem.* I, 3, 5) que, cada qual à sua maneira, procuraram cumprir seus deveres para com Roma; o das abelhas (*De Clem.* I, 4, 1), mencionadas a partir dos versos de Virgílio e que, sabendo da importância do "rei" para o seu próprio bem-estar, protegem-no contra todos os perigos, numa verdadeira "rede de solidariedade"; o de Júlio César (*De Clem.* I, 4, 3) que, na luta para o domínio do poder estatal, procurou cercar-se da colaboração daqueles que acreditava serem de maior valia; e, finalmente, o das multidões (*De Clem.* I, 6, 1), que lotam os teatros romanos e devem ser protegidas para possibilitar o exercício da soberania sobre alguém. A conclusão a que chega Sêneca é, enfim, coroada pela alusão à frase de Antígono Gônatas (*De Clem.* I, 8, 1), isto é, para o príncipe, pre-

---

45. Note-se que o episódio de M. Cévola está diretamente ligado à expulsão dos Tarqüínios de Roma, quando o título de *rex* passou a ser proibido, e pelo qual poder-se-ia inferir que Sêneca também fosse contrário a esse regime político. O que se observará, no entanto, é que, para Sêneca, importava mais o modo pelo qual o poder era exercido e a que propósitos perseguia, isto é, intermediado pela *clementia* e em benefício de Roma. O regime adotado ou a terminologia utilizada para nomeá-lo, nesse caso, não seria a questão principal.

ESTRUTURA DO *DE CLEMENTIA*

servar os seus súditos é uma nobre servidão, já que são eles os que garantem, verdadeiramente, sua proteção. A passagem referente à oposição empreendida por Agripina quando do início do Principado de Nero (*De Clem.* I, 5, 4 – entre o exemplo de Júlio César e o da multidão de súditos que deve ser preservada pelo príncipe), aparece bastante implícita, num momento em que Sêneca diz ser por meio da clemência que as sentenças do príncipe serão aceitas, não havendo qualquer oposição a elas, mesmo sendo severas. Esta passagem, de certa forma, apesar de não estabelecer uma comparação com outra situação (servindo-lhe de paralelo), também é significativa com relação à ajuda mútua a ser estabelecida entre os membros que compõem o todo social: na medida em que as sentenças do príncipe são justas mesmo sendo duras, ninguém lhas fará oposição, pois existe um consenso segundo o qual o julgamento do príncipe é o mais correto. O exemplo serve-lhe, portanto, de alerta para as sentenças que ainda deveria proferir em seu governo.

A metáfora *caput/corpus* será retomada ainda no livro II, em *De Clem.* II, 2, 1, quando ilustra o papel exemplar do príncipe, de quem a clemência se expande para todo o Império. Assim, portanto, no primeiro livro, o papel do príncipe, como *caput* do Império, era definido conforme a sua autoridade, domínio da multidão e ordenação do mundo; já no segundo, ele desempenha um papel moral, cujo comportamento serve apenas de exemplo para o todo que lhe cerca[46].

A descrição do episódio de Augusto e Cina (em *De Clem.* I, 9), por sua vez, sintetiza a grande contraposição que Sêneca procura estabelecer em sua obra, e dá início à próxima metáfora, que contrapõe o rei ao tirano. Nesse episódio, a seu tur-

---

46. B. Mortureaux, *op. cit.*, 1973, p. 79.

no, é possível a verificação da lenta passagem de um tema para outro: primeiro, Augusto, considerado a "cabeça" do corpo social, é colocado ao lado daqueles que procuram destruir a ordem estabelecida, ou seja, dos conspiradores (*De Clem.* I, 9, 6); depois, Sêneca enumera aqueles junto dos quais qualquer governo obteria grande prestígio, as famílias ilustres (*De Clem.* I, 9, 10); finalmente, menciona os que abraçaram a causa de Octaviano quando ainda não se havia definido que rumo tomaria a República romana (*De Clem.* I, 10, 1)[47]. Assim, pois, respectivamente, vemos enumerados os inimigos, os colaboradores e os verdadeiros amigos do príncipe. As atitudes de Augusto em relação a cada um desses grupos, segundo Sêneca, devem ser ora seguidas, ora repensadas, devendo o príncipe (Nero) saber quando e como tirar proveito dos que o cercam. Segundo o que permite inferir Sêneca, portanto, deve haver uma colaboração entre as partes que compõem o todo, de forma a que o conjunto possa se beneficiar com essa associação. Ao confrontar as atitudes de Augusto e as de Nero até então (*De Clem.* I, 11, 1), conclui (embora ele não diga isso explicitamente) que Augusto pode ser tomado como um verdadeiro tirano, enquanto Nero é visto como um exemplo de bom soberano. O importante, na verdade, mais uma vez, não é a nomenclatura, mas as atitudes dos governantes. Por isso, na seqüência, o exemplo de Dionísio e de Sula (*De Clem.* I, 12, 1-2), que, apesar de aparentemente parecerem uma coisa, na verdade comportavam-se de outra, bastante diferente. A opção de

---

47. No *De Breuitate Vitae* (em 49) Sêneca já faz alusão aos fatos que narra nesse episódio: o desencorajamento de Augusto (IV, 2-6), suas crueldades (IV, 5), a enumeração das conjurações (IV, 5), a falta de conduta de Júlia (IV, 6), a oposição entre a paz conquistada no exterior e os problemas do palácio (IV, 5). B. Mortureaux, *op. cit.*, 1973, p. 24.

ESTRUTURA DO *DE CLEMENTIA*

Sêneca por Dionísio, todavia, é um tanto fora de propósito, para não dizer mesmo contraditória, principalmente se se considerar que em uma obra anterior (*Ad Marciam de Consolatione*) ele é citado sob outra perspectiva, em que é considerado um tirano injusto e arbitrário, agindo de forma correta apenas quando a situação lhe garantisse algum benefício. Assim, pois, os próximos exemplos, Tibério e Calígula (em *De Clem.* I, 12, 4, implicitamente)[48], Alexandre *versus* Lisímaco (*De Clem.* I, 13, 1), Triconte *versus* Tário (*De Clem.* I, 15, 1), Védio Polião *versus* seus escravos (*De Clem.* I, 18, 2), as abelhas *versus* seus inimigos (*De Clem.* I, 19, 2-4) e, mais adiante, novamente Alexandre *versus* Lisímaco (*De Clem.* I, 25, 1), procuram caracterizar o que Nero deve ou não fazer para se tornar um rei ou um tirano[49]. A escolha, ao final, é apenas dele (livre-arbítrio), embora deva estar ciente de que suas atitudes podem acarretar graves conseqüências, tanto para si (imagem pública

48. Nessa passagem, em que se alude a uma frase de Ácio ("[...] que me odeiem conquanto me temam [...]"), há uma ilustração pertinente da atitude cruel e perigosa do tirano. Já em II, 2, 2, ela faz parte de uma digressão de Sêneca sobre o dito de Nero ao assinar duas condenações, "numa tentativa de contrabalançar a influência de palavras que exprimem a crueldade". Para B. Mortureaux (*op. cit.*, 1973, p. 79), nessa segunda aparição, a sentença perde muito de sua força, pois tem um caráter "adventício", ou seja, sua presença aqui é casual, meramente ilustrativa.

49. Mais uma vez, essas comparações e imagens não são originais. As invectivas contra Alexandre, por exemplo, são inúmeras em Sêneca: *De Ira* III, 17, 1-4 e 23, 1; *De Beneficiis* I, 13, 3 e VII, 2, 5; *Naturales Quaestiones* VI, 23, 2-3; *Epistulae Morales ad Lucilium* LXXXIII, 19 e CXIII, 29. Sila e Calígula estão muito próximos de Nero; já Alexandre, por estar longe no tempo e no espaço (Grécia) serve melhor aos objetivos de Sêneca, pois é "menos assustador e improvável". (B. Mortureaux, *op. cit.*, 1973, p. 21). A originalidade desses exemplos, portanto, está na adequação das imagens aos objetivos do filósofo.

comprometida), como para seus súditos ("vítimas", em última instância, de sua opção).

Nessa seqüência pode-se observar ainda que, embora Sêneca recorra novamente ao exemplo das abelhas, citado anteriormente nos versos de Virgílio, é com outro sentido que o faz. Aqui Sêneca remete-se à pacificidade inata do rei, que nas abelhas se sobressai pelo fato de este não possuir aguilhão, comum a todas as demais. Isso prova que o príncipe, preposto dos demais homens, não deve, pois, sucumbir à cólera, castigando todos à sua volta. Para ilustrar isso, Sêneca contrapõe o Imperador Cláudio ao legislador grego Sólon (*De Clem.* I, 23, 1).

> [...] De fato, com suprema prudência, pessoas [Sólon] de nível elevadíssimo e de muito grande conhecimento da natureza das coisas preferiram desconhecer este crime [o de parricídio], colocando-o como crime inconcebível e além dos limites da audácia, do que mostrar como ele pode ser cometido, enquanto o punem. [...]

O primeiro, em sua ânsia em punir os delitos de parricídio, acabou fazendo com que mais crimes dessa natureza fossem cometidos, pois passaram a ser cogitados. Já o segundo, nem sequer considerou tal delito na legislação que elaborou para os atenienses, por acreditar que esse crime nunca seria cometido[50]. Alexandre surge então como um exemplo dos efeitos maléficos da cólera, que o transforma num animal selvagem, cuja fúria dificilmente é controlada uma vez desperta.

Juntamente com o tema das diferenças entre o rei e o tirano aparece ainda o da crueldade que, em última instância, sur-

---

50. Cf. Diógenes Laércio, Vida de Sólon I, 59: "Perguntou-se a Sólon porque ele não havia estabelecido leis contra o parricídio, e ele respondeu: 'porque eu espero que esse crime nunca seja cometido'".

ge como uma espécie de conseqüência extremada dos espíritos constantemente afeitos a ela. Nesse sentido, observam-se dois exemplos de crueldade que se contrapõem: a que não tem motivo aparente para existir e a que, apesar de estar apoiada em uma justificativa plausível, apresenta-se sem medida e sem moderação. Busires e Procrustes (*De Clem.* II, 4, 1-2), dois personagens mitológicos, são empregados para ilustrar o primeiro tipo de crueldade porque ela dificilmente pode ser concebida, tanto que Sêneca se abstém de entrar em maiores detalhes a respeito dela. O mesmo não acontece, porém, no segundo exemplo (Fálaris – *De Clem.* II, 4, 3), em que utiliza um personagem aparentemente real (sua existência é confirmada ainda por Cícero em *De Officiis,* II e Ovídio em *A Arte de Amar,* I v. 663).

> Portanto, darei o nome de cruel àqueles que têm motivo de punir mas não têm nenhuma medida, como Fálaris, de quem afirmam que seviciou homens por certo não inocentes porém numa dimensão que ultrapassa a medida do humano e do admissível. [...] (*De Clem.* II, 4, 3)

O último personagem ao qual Sêneca faz alusão é a um seu opositor, Suílio, que o havia censurado e acusado muitas vezes de não seguir os preceitos do estoicismo, escola filosófica à qual Sêneca estava ligado. Nessa passagem, Suílio critica os estóicos por não permitirem que o sábio seja compassivo. Como não se possui o restante do tratado, há uma certa dificuldade em encontrar o verdadeiro lugar do exemplo de Suílio dentro dos temas propostos. Ele poderia fazer parte de um terceiro ou mais temas, sobre o(s) qual(is), infelizmente, não se pode discorrer.

Colocados dessa forma, todos esses exemplos permitem inferir a existência de uma seqüência bastante clara, pois todos estão interligados de maneira a formar um todo coerente e concatenado, ou seja, cada um dos exemplos apresentados serve, ao mesmo tempo, de justificativa para o anterior e de mote para o seguinte, numa verdadeira trama que se complementa e se explica. Dentro de cada um deles, as oposições se reforçam: em geral, um exemplo é o contrário do outro, de forma que existem apenas duas únicas alternativas: ou se age de um jeito (bom), ou de outro (mau). O único termo, ou melhor, o único elemento que indica o equilíbrio entre essas duas alternativas, diametralmente opostas, é a clemência, pois ela é justamente o meio termo: não se pode ser "mais" ou "menos" clemente. A clemência (no sentido que Sêneca lhe atribui) é uma só, para além dela incorre-se ou na compaixão ou na crueldade, duas fraquezas da alma nas quais o sábio e o príncipe, conseqüentemente, não devem incorrer.

Assim, conclui-se que a grande contraposição/oposição presente no *De Clementia* resolve-se apenas pelo uso e aplicação da clemência: é por meio dela que Nero, a um só tempo, preservará seus poderes e poderá suplantar o modelo imperial augusteano de poder. Nesse sentido, o que se observa é uma nova concepção de governo; um governo não mais apenas fundamentado na "coisa pública" (*res publica*), mas no próprio príncipe que, apesar de ser apenas uma das "partes" que compõem o todo social, configura-se como sendo a mais importante delas, pois é o elo que permite sua coesão e indissolubidade. Mais do que apenas "representar" o Estado, o príncipe passa a ser confundido com o Estado mesmo, nada podendo subsistir em sua ausência. "[...] tendo-se perdido o rei todo o enxame se dispersa, não toleram mais que um só rei e procuram o melhor em combate" (*De Clem.* I, 19, 2). Nesse sentido, talvez a preocupação real de Sêneca ao escrever o *De Clementia* seria evitar a queda do príncipe, uma vez que ela poderia provocar o "fim da paz romana" e da compacidade do Império. De certa forma, a crise política de 69, logo após a queda de Nero em 68, representou uma descentralização governamental sem precedentes, promovendo uma grande mudança nos grupos de interesse que sustentavam o poder imperial. Esse poder, enfim, baseado e centralizado num único ser, tal como propõe Sêneca, revela-se manifestamente monárquico, correspondendo inclusive aos anseios dos primeiros estóicos, para os quais o *rex iustus* seria a solução definitiva de todas as lutas pelo poder e o conseqüente esfacelamento das forças públicas.

SEGUNDA ORDENAÇÃO TEMÁTICA

Para além dessa seqüência concatenada de exemplos, observa-se ainda a existência de uma segunda ordenação, na qual todos aqueles elementos encontram-se interligados por meio de imagens comuns que remetem, invariavelmente, a outros grupos temáticos, igualmente freqüentes e circunscritos. Assim, foram arroladas as principais comparações existentes no *De Clementia*, evidenciando outros temas:

TERMOS DE COMPARAÇÃO		GRUPO TEMÁTICO	DE CLEMENTIA
príncipe	deuses	1	I, 1, 2
clemência	medicina	1	I, 2, 1
príncipe	estrela benfazeja	2	I, 3, 3
príncipe	tutor da ordem pública	2	I, 4, 3
príncipe	grandeza de alma	2	I, 5, 3
príncipe	grande destino	2	I, 5, 5
príncipe	elefantes e leões	1	I, 5, 5
príncipe	destino privilegiado	2	I, 5, 7
príncipe	deuses	1	I, 5, 7

IMAGENS DO PODER EM SÊNECA

Continuação

Termos de Comparação		Grupo Temático	De Clementia
príncipe	juiz	1	I, 6, 1
príncipe	deuses	1	I, 7, 1
príncipe	preocupação com sua segurança	1	I, 8, 2
príncipe	servo de seus súditos	1	I, 8, 3
príncipe	deuses	1	I, 8, 3
príncipe	sol	2	I, 8, 4
príncipe	reflexo da moralidade do Império	2	I, 8, 4
príncipe	ponderação nas decisões	1	I, 8, 5
príncipe cruel	plantas podadas	3	I, 8, 7
súditos	feras	1	I, 12, 5
príncipe	bom pai	1	I, 14-16, 3
príncipe	professor	1	I, 16, 2
príncipe	tribuno/centurião	1	I, 16, 2
príncipe	domador	1	I, 16, 4
príncipe	caçador	1	I, 16, 5
príncipe	médico	1	I, 17, 1-2
príncipe	senhor de escravos	1	I, 18, 1
príncipe	rei das abelhas	2	I, 19, 2
príncipe	deuses	1	I, 19, 8
príncipe	deuses	1	I, 21, 2
severidade	ineficácia de seu uso constante	3	I, 22, 2
príncipe	médico	1	I, 24, 1
freios flexíveis	clemência	1	I, 24, 2
crueldade	doença da alma	3	I, 25, 2
males	serpentes	3	I, 25, 4
males	epidemia – incêndio	3	I, 25, 5
reino cruel	como se fosse comandado por leões, ursos e serpentes	3	I, 26, 3
sábio	velhas e mulheres	3	II, 5, 1
sábio	deuses	1	II, 6, 3
sábio	bons lavradores	1	II, 7, 4

ESTRUTURA DO *DE CLEMENTIA*

De acordo com o esquema acima, verificam-se três temas recorrentes, quais sejam, *1.* como o príncipe deve agir para com seus súditos; *2.* como o príncipe é designado; *3.* como o príncipe não deve se comportar.

Com relação à primeira temática, uma série de conselhos é dirigida ao príncipe por meio de determinadas metáforas. Ao empregá-las, Sêneca procura claramente indicar-lhe as melhores formas de se dirigir a seus súditos, de maneira que estes, uma vez sentindo-se realmente protegidos, possam atuar de modo recíproco para com o seu soberano. Assim, o príncipe deve, ao mesmo tempo, portar-se como os deuses em relação ao gênero humano e os médicos, professores, tribunos ou centuriões, domadores, caçadores, senhores de escravos, e lavradores em relação, respectivamente, a seus doentes, alunos, soldados, animais, escravos e plantas – todos eles, por certo, nas suas melhores acepções. As comparações mais recorrentes, por sua vez, são as que remetem a ação do príncipe à dos deuses, à do bom médico e à do bom pai. Em cada uma delas é enfocado algum aspecto que Sêneca julga conveniente para o momento do texto. Quando é comparado aos deuses, por exemplo, o príncipe, respectivamente, possui poder de vida e de morte sobre seus súditos; deve deixar todos viverem, sejam bons ou maus; não deve ser implacável; está preso à sua proeminência; deve se regozijar por ser amado pelos seus cidadãos; novamente, deve exercer corajosamente o poder de conceder a vida, como de tirá-la; além de deitar um olhar favorável aos desgraçados. No último caso, a comparação dá-se entre o sábio e os deuses, mas como o príncipe deve imitar o sábio, infere-se que deva agir também como ele. Finalmente, dentre todas essas "atribuições", observa-se que apenas uma delas se repete, qual seja, a do poder de vida e de morte. Essa repetição é, inclusive, enfatizada pelo uso do termo *animose* ("corajosamente"), o que lhe proporciona um caráter especial, ou seja, de algo que realmente deve ser efetivado. O que se verifica então é uma série de três pequenas contraposições: 1. o príncipe, apesar de seu imenso poder, deve permitir que todos os seus súditos vivam, não sendo implacável; 2. embora esteja preso à sua proeminência, deve se alegrar com a devoção que lhe é dirigida; 3. e, finalmente, mesmo tendo de exercer "corajosamente" seu maior poder (o de vida e de morte), deve velar pelos desgraçados, pois também fazem parte do todo. Por sua disposição dentro do texto, essas contraposições dão a entender que Sêneca, elevando a figura do príncipe ao nível dos deuses em diferentes momentos, procura mostrar que as funções a serem exercidas pelo governante são tão importantes quanto a de uma instância racional superior; daí talvez a última comparação referir-se ao sábio, e não ao príncipe propriamente dito.

Nas três comparações que atribuem ao príncipe o papel de médico, por outro lado, primeiramente (*De Clem*. I, 2, 1) a medicina é apontada como merecedora de respeito tanto pelos doentes como pelos sãos. Seguindo esse mesmo raciocínio, a clemência (principal virtude do príncipe), embora sejam os dignos de castigo a invocá-la, também é cultuada pelos inocentes. Na segunda comparação (*De Clem*. 1, 17,1-2), o príncipe deve saber extirpar a crueldade (uma doença da alma) como um médico que trata de uma doença grave: deve ser menos rude com o doente, a fim de que este seja curado mais cedo e melhor. Na última comparação, enfim, (*De Clem*. I, 24, 1), o príncipe deve ser brando ao efetivar suas punições, pois "numerosas execuções não são menos vergonhosas para o príncipe do que numerosos funerais para o médico". O que se verifica dentro dessa metáfora, então, é uma verdadeira progressão de idéias: primei-

ESTRUTURA DO *DE CLEMENTIA*

ramente, temos identificado o "remédio" que há de curar todos os males do "corpo" social, ou seja, a clemência; depois, o "mal" por excelência a ser erradicado, a crueldade, aqui tomada como sinônimo de falta de moderação e de justiça, em outras palavras, como o interesse que não visa ao bem coletivo; finalmente, esboça-se o que pode acontecer caso o príncipe não se torne um "bom médico", isto é, a ocorrência de inúmeros funerais, cujas vítimas seriam os seus próprios súditos.

O exemplo do bom pai, a seu turno, embora apareça num único momento do texto, é bastante enfatizado, adquirindo importância capital principalmente pela figuração de Augusto, modelo ao qual Sêneca se reporta constantemente no decorrer do tratado. Além disso, o longo relato da experiência de Tário e seu filho (*De Clem.* I, 14-16, 3) dá início a uma numerosa seqüência de pequenas comparações nas quais as atitudes do príncipe são fundamentais para o bom desenvolvimento da confiança que os súditos devem depositar nele. Assim, nesse exemplo, vê-se Augusto participando de um conselho particular, em que procura não fazer prevalecer sua opinião, já que se trata de uma decisão do *pater familias*. Disso, de acordo com Sêneca, Nero deve tirar duas lições: primeiramente, deve portar-se tal como Tário em relação a seu filho, ou seja, deve punir os seus súditos, mas com moderação, a fim de que suas decisões nunca sejam alvo de contestação, mesmo as mais severas; segundo, deve levar sempre em conta a opinião de seus governados, de forma que todos possam se sentir responsáveis pelo bom andamento do Estado. Este segundo "conselho" está diretamente ligado aos exemplos subseqüentes, que têm o intuito de mostrar ao príncipe que seus cidadãos devem ser tratados com respeito, uma vez que deles provêm seu amor e proteção. O príncipe, portanto, não deve atemorizá-los, da

IMAGENS DO PODER EM SÊNECA

mesma forma que um bom domador ou caçador não assusta seus animais ou um bom senhor não abusa de seus escravos. Isto sela o "pacto" que deve existir, portanto, entre os membros do corpo social: a segurança deve ser recíproca, de modo que ninguém se sinta ameaçado pelo outro.

Dentre os outros exemplos que o príncipe deve seguir para se tornar um bom governante, encontra-se ainda o dos bons lavradores, em *De Clem.* II, 7, 4. Nessa passagem, é o sábio o meio de comparação utilizado (como em toda a segunda parte que restou). Como ele, também o príncipe deverá decidir por qual método determinado caráter deve ser tratado, de que forma, enfim, cada "árvore" será melhor cuidada. Nesse sentido, Sêneca, depois de tudo ter dito ao príncipe, ou seja, quais caminhos deveria seguir e qual a melhor solução para bem governar (clemência), enfatiza o seu livre-arbítrio. Em outras palavras, apesar de haver já mostrado a Nero como ele realmente é, como age e como se comporta, diz que todas as decisões estão apenas em suas mãos e que é somente por meio da razão que poderá continuar a tomar boas resoluções.

Em relação a essa segunda parte do tratado, cabe ressaltar ainda a importância que Sêneca proporciona à metáfora do sábio como modelo a ser seguido por parte do príncipe.

O homem ideal, independente da época em que surge, é considerado como exemplo pelos que o cercam. Na cultura literária helenístico-romana, esse homem ideal teria se encarnado justamente na figura do sábio, de tal modo que todas as correntes filosófico-literárias da época fazem menção a esse *sapiens*[51]. Numa primeira instância, portanto, o sábio seria o

---

51. M. F. M. Sánchez (org.), "Lucio Aneo Séneca. La Interioridad como Actitud y Consciencia Moral. Una Investigación Documental de su Obra y Pensamiento", 1994, p. 65.

ESTRUTURA DO *DE CLEMENTIA*

descobridor e o praticante de um estilo de vida que, de tão alto apreço, passaria a ser aceito como modelo pelos seus contemporâneos. No caso do sábio estóico, a perfeição de seus atos estaria centrada na virtude e na adequação de sua conduta à razão. Ele é o "homem livre vivendo sob a orientação da razão, aquele que se dedica a conhecer as leis racionais da natureza, as únicas que lhe permitirão constituir um universo coerente e viável"[52]. Além disso, o sábio está sempre pronto para enfrentar toda e qualquer adversidade de forma tranqüila, não se comovendo perante as misérias humanas, nem se deixando levar pelos vícios e pelas paixões.

Assim, por suas características, o sábio estóico é muitas vezes considerado um alvo impossível de ser alcançado. Para o antigo estoicismo, principalmente, um homem era sábio ou não, não havia um meio-termo. Já no médio estoicismo, Panécio e Posidônio procuraram, por assim dizer, "humanizar" o retrato ideal do sábio, pondo-o ao alcance, senão de qualquer um, pelo menos de uma boa porcentagem de homens medianamente dotados[53]. Embora Sêneca também não acredite na existência de um meio-termo, para ele, todavia, o sábio não é uma quimera, um ideal irrealizável. Segundo o filósofo cordobês, não há dúvida de que o *sapiens* é encontrado apenas raramente, e não em todas as épocas[54], por isso, dentre a maioria dos exemplos históricos a imitar, seleciona não tanto o erudito, o excêntrico ou o rico em doutrinas, mas o homem que tem vivido com honra e valentia a sua vida de cidadão, tal como Catão (sobretudo nas *Epistulae ad Lucilium*), utilizado

---

52. J. Brun, *op. cit.*, p. 97.
53. Sêneca, *Cartas a Lucílio*. (Trad., pref. e notas de J. Segurado e Campos), pp. XXXIX e XL.
54. G. Rodis-Lewis, *La morale stoïcienne*, 1970, p. 30.

como o modelo por excelência da constância do sábio. Em vista disso, a sabedoria do sábio concebido por Sêneca em suas obras é mais um talento, esboça mais um estilo de vida do que uma profissão ou atividade teóricas. Sua perfeição corresponde ao desenvolvimento das virtudes da natureza racional do homem, que podem ser alcançadas por qualquer um, desde que aplicado e esforçado no estudo e na prática da filosofia.

Nas passagens do *De Clementia* em que essa idéia é apresentada, o príncipe é comparado ao sábio no sentido de, como ele, não dever sucumbir às dores alheias, como aqueles que derramam lágrimas por criminosos, para não ter sua razão perturbada. Depois, esse mesmo "rei-filósofo", que nem mesmo o sofrimento abate, tem soluções prontas para quaisquer acasos e está sempre disposto a socorrer a todos; será, enfim, útil, pois nasceu para a assistência comum e para o bem público.

Para concluir essa digressão sobre o tema do sábio, percebe-se que as normas utilizadas por Sêneca quando compõe seu tratado baseiam-se sobretudo na caracterologia, ou seja, na utilização freqüente de exemplos que analisam e comparam os diferentes caracteres humanos que se apresentam ao longo da obra. Destes, o soberano, a quem o *De Clementia* é dirigido, seria o único homem capaz de alcançar o pleno desenvolvimento de sua natureza, isto é, o ideal de sábio, pedra angular dos princípios fundamentais do estoicismo. Ele é, por isso, descrito como um rei-providencial, benfeitor e salvador, que reúne todas as qualidades militares, políticas (justiça), intelectuais (sabedoria) e morais (virtude). Tido como o primeiro dos cidadãos, é o regulador, o princípio diretor de toda a sociedade romana, o fenômeno, enfim, de reunificação e unidade. O objetivo de Sêneca, nesse sentido, é fazer coincidir, com a imagem prestigiosa do rei-Deus, a imagem mais temperada do

ESTRUTURA DO *DE CLEMENTIA*

sábio[55], o que lhe permite responder ao anseio centenário de toda uma tradição filosófica, pois esse príncipe aparece como a única encarnação possível do rei-filósofo, cuja singularidade o faz reunir todas as qualidades necessárias para a subsistência do Império Romano. Daí a importância dada à aquisição da sabedoria: ao se tornar um sábio, o príncipe dá vazão ao retorno da "idade de ouro", garantindo paz e harmonia entre seus súditos.

Com relação aos outros dois grupos temáticos apontados no início dessa seção, quais sejam, como o príncipe não deve se comportar e como ele é apresentado no tratado, observa-se ainda que, dentre as atitudes que o príncipe deve tomar, estão aquelas que ele tem a obrigação de evitar, visto serem as conseqüências para seus governados pouco favoráveis. Dessa maneira, o príncipe, "uma grande alma", deve ser calmo e tranqüilo, olhando do alto de sua magnificência as injúrias e as ofensas que lhe são dirigidas (*De Clem.* I, 5, 5) e agindo como os elefantes e os leões, que prosseguem seu caminho por entre os que abateram. Não lhe convém, portanto, a obstinação, própria dos animais ignóbeis. Por sua natureza, o príncipe também não deve ser cruel (*De Clem.* I, 8, 7), já que a crueldade de um rei assemelha-se a uma planta podada, na qual se multiplicam os ramos. Ela é como uma "doença da alma" (*De Clem.* I, 25, 2), cujos males podem ser comparados a serpentes (*De Clem.* I, 25, 4), a uma epidemia e até mesmo a um incêndio (*De Clem.* I, 25, 5). Por isso, deve ser extirpada, para que o reino não se pareça com uma cidade tomada por leões, ursos ou serpentes (*De Clem.* I, 26, 3). Sêneca, entretanto, não vê na severidade uma medida muito eficaz, pois seu uso freqüente provoca in-

---

55. M. Pena, *op. cit.*, pp. 36-37.

tolerância e descontentamento (*De Clem*. I, 22, 2). O príncipe, enfim, tal como o sábio, deve evitar a compaixão, própria das velhas e das mulheres (*De Clem*. II, 5, 1), mas agir de acordo com a razão, ou seja, deve ser clemente, acima de tudo. Todas essas alusões, pelo que se pôde perceber, visam sempre a um único objetivo, qual seja, a prática, por parte do príncipe, da clemência, que a essa altura extrapola sua acepção de virtude cardinal e passa a significar, verdadeiramente, a diferença entre a detenção ou não do poder imperial romano.

Para finalizar, o último grupo temático ao qual já se referiu diz respeito à maneira com que o príncipe é considerado no tratado. Ora ele é visto como uma "estrela luminosa e benfazeja" (*De Clem*. I, 3, 3), ora como "tutor da ordem pública" (*De Clem*. I, 4, 3), ou ainda como "uma grande alma" (*De Clem*. I, 5, 5) e um "sol" nascente (*De Clem*. I, 8, 4), o que permite inferir que sua figura ultrapassa a esfera do humano, pois é tido como algo imprescindível para a existência de todos, sem o qual nada nem ninguém pode subsistir. De acordo com Pierre Grimal[56], os paralelos que Sêneca traça entre Nero e o sol, atribuindo àquele características próprias do disco solar, seriam uma forma de renovação da "teologia imperial" a partir de preceitos egípcios, aos quais o filósofo estaria afeito. Pouco se sabe, no entanto, sobre a estadia de Sêneca no Egito, quando teria então tomado conhecimento daquelas idéias, de modo que afirmar ser a concepção de poder nesse autor de forte influência egípcia parece pouco pertinente. É possível, em contrapartida, que Sêneca, ao fazer essa associação, estivesse apenas comparando Nero aos deuses, pois a função que o mesmo desempenha junto aos seus súditos era semelhante. A elei-

---

56. P. Grimal, "Le *De Clementia* et la royauté solaire de Néron", 1972, pp. 205-217.

ção divina de Nero, portanto, seria o meio ao qual Sêneca recorreu para fundamentar a *clementia* imperial: ela seria um "presente" dos deuses ao seu representante na terra.

A partir da análise empreendida, portanto, conclui-se que a originalidade da composição de Sêneca expressa-se sobretudo na forma com que apresenta seus argumentos, pois ora se utiliza de grandes raciocínios abstratos, buscando por todos os meios disponíveis captar atenção e interesse por meio de narrações (*exempla maiora*); ora recorre a imagens metafóricas com as quais brinda sua observação da natureza e da vida dos homens (*exempla minora*); ora pelo uso dos recursos próprios da oratória popular (*obiectiones*), ora com elementos tirados da própria diatribe[57], já que faz uso continuamente de exemplos para ilustrar cada afirmação ou problema. Sêneca compreendeu, enfim, que nada está mais apto a convencer do que uma imagem bem escolhida, como ele mesmo notou em sua *Epístola* LIX, 6:

[...] Tais autores [refere-se aos autores antigos], embora falando com a simplicidade e com a única preocupação de se fazerem entender, têm um estilo repleto de comparações, que, aliás, reputo necessárias aos filósofos, não pela mesma razão que os poetas, mas como meio de superar as limitações da linguagem e de permitir, quer ao orador, quer ao auditório, a apreensão direta da matéria em causa (Trad. J. Segurado Campos).

Esses elementos revelam, assim, também o caráter pedagógico do *De Clementia*. Entre *De Clem.* I, 3, 2 e I, 8, 5 Sêneca primeiramente propõe modelos tomados entre os *exempla maiora*, proporcionando ao príncipe a consciência de sua alta responsabilidade, para depois, em *De Clem.* I, 16-19, fornecer

---

57. L. Kindler, *op. cit.*, p. 60.

em abundância exemplos tirados dos *minora*, mostrando-lhe que o exercício de seus deveres diz respeito também ao mais simples dos seres[58]. Isso porque a qualidade do destinatário impunha que Sêneca se dirigisse mais ao príncipe do que ao discípulo.

O fato, finalmente, de Sêneca se voltar para os episódios que marcam o fim da República e o início do Principado de Augusto, deve-se, sobretudo, à maior oposição que o *De Clementia* encerra, qual seja, a do Principado de Augusto em relação ao de Nero. O objetivo de Sêneca, nesse sentido, é o de mostrar que o Principado neroniano, por se aproximar do de Augusto no tempo, pode suplantar o modelo estabelecido por este último, de modo a ser tomado, a partir de então, como o paradigma por excelência, a ser seguido pelas gerações futuras, inaugurando assim uma nova concepção de governo, não mais fundamentada na República, mas no próprio príncipe. Augusto, nesse sentido, deixa de ser um ideal para se tornar apenas uma referência, sobre quem Nero tem uma superioridade moral e em face do qual Sêneca exprime então reservas, sem lhe endereçar críticas diretas. Em suma, "Augusto deveria ser imitado, mas sobretudo ultrapassado"[59]. Para tanto, Sêneca esboça, na primeira parte do livro I sobre a clemência, uma teoria do poder imperial, enquanto na segunda parte mostra como, na prática, deve-se exercer este poder. Além disso, Sêneca usa indistintamente os termos *rex* (28 vezes empregado) e *princeps* (31 vezes utilizado) para se referir ao governante (em contraposição a *tyrannus*) – uso este, aliás, único e peculiar

---

58. B. Mortureaux, *op. cit.*, 1973, pp. 50-51.
59. J.-M. Croisille, *Néron a tué Agrippine*, 1994, p. 58.

ESTRUTURA DO *DE CLEMENTIA*

na literatura júlio-claudiana[60] – descrevendo-o como a garantia da segurança dos cidadãos e das instituições romanas como um todo[61].

Contradições, Lapsos e Omissões

A análise anterior da estrutura do texto senequiano sobre a clemência possibilitou a verificação de determinadas contradições, lapsos e omissões em que incorreu Sêneca quando da composição do tratado. Ora, se Sêneca baseia sua argumentação nos exemplos que expõe, no sentido de convencer a Nero que o melhor caminho para um bom governo é o uso da clemência, espera-se, a princípio, que não apresente pontos falhos ou equívocos. A eficácia de sua argumentação estaria garantida, assim, pela fidedignidade dos elementos que a sustenta, justamente os seus *exempla*. Que motivos teria Sêneca, então, para incorrer em erros? O texto que segue coloca em evidência esses novos elementos, esclarecendo-os, de modo a compreender, uma vez mais, as intenções de Sêneca e a pertinência dos recursos que utiliza para exprimi-los.

Com relação às contradições, Sêneca, em algumas passagens do *De Clementia*, aparentemente procede como se desconhecesse a situação a que alude[62]. A primeira refere-se à

---

60. V. Rudich, *op. cit.*, 1997, p. 48.
61. Outra evidência a esse respeito é apontada por E. Albertini (*op. cit.*, p. 26) quando diz que o uso dos termos *diuus augustus* (*De Clem.* I, 9, 1) e *a principatu suo* (*De Clem.* I, 9, 1) opõe a época do Principado à da República (sempre referida no texto pelo uso do termo *rei p.*, também presente na passagem *De Clem.* I, 9, 1).
62. Em relação aos conhecimentos históricos de Sêneca ver, por exemplo, M. Renard, *op. cit.*, pp. 241-255 e F. Préchac, "Sénèque et l'histoire", 1935, pp. 361-370.

IMAGENS DO PODER EM SÊNECA

idade de Augusto[63] (*De Clem*. I, 9, 2) durante a conspiração de Cina. Nessa passagem, Sêneca apresenta um Imperador que já havia ultrapassado os quarenta anos enquanto visitava a Gália ("Sed cum annum quadragensimum transisset et in Galia moraretur [...]"). Ora, sabe-se que Augusto esteve na Gália em quatro ocasiões diferentes: 27 a.C., 25-24 a.C., 16-13 a.C. e 10 a.C.[64], teria, portanto, respectivamente, 37, 39-40, 48-51 e 54 anos, o que remete às duas últimas datas como sendo os períodos possíveis da conspiração.

Para o historiador Dião Cássio[65], a conjura de Cina teria se dado em 4 d.C. (quando Augusto já possuía 67 anos), indicando, desse modo, que o levante não teria se passado na Gália, já que nesta data Augusto se encontrava em Roma. A *História Romana* registra ainda que, um ano depois, em 5, Cina teria exercido o consulado, pois o havia recebido de Augusto logo depois de ser perdoado, reforçando a informação dada por Dião Cássio. Ademais, o fato de Augusto já ser um sexagenário quando se dá a conspiração é corroborado pela passagem I, 11, 1 do *De Clementia* –"Haec Augustus senex aut iam [in senectutem] annis urgentibus; [...]" em que Sêneca apresenta um Augusto já "velho". O emprego do termo *senex*, nesse momento do texto, apresenta-se absolutamente pertinente, já que aparece logo após o relato da condenação de sua filha Júlia por adultério (em 2 a.C.), portanto, quando Augusto já possuía 65

---

63. Augusto nasceu "sob o consulado de Marco Túlio Cícero e de Antonio, aos nove dias das calendas de outubro" (Suetônio, Vida de Augusto X), ou seja, em 23 de setembro de 63 a.C. (J.-P. Néraudau, *op. cit.*, p. 40).

64. I. Braren. *op. cit.*, 1985, p. 57.

65. Dião Cássio é o único historiador, à parte Sêneca, que se refere à conjuração de Cina. Ver *História Romana* LV, 14-22.

anos[66]. Nenhuma dessas informações contribui, todavia, para que a questão da idade de Augusto por ocasião da conspiração de Cina seja esclarecida a contento.

Em vista disso, parece que a imprecisão referente à idade de Augusto quando do atentado empreendido por Cina tem, na verdade, a função apenas de reforçar a oposição entre um Nero jovem e clemente e um Augusto velho e só então atraído por essa virtude. O mesmo se dando em relação aos demais episódios da vida de Augusto relatados em *De Clem.* I, 11, 1, sobre os quais Sêneca discorre como tendo acontecido antes de este Imperador ter completado dezoito anos. Os fatos em que Sêneca se detém são, respectivamente: a batalha de Ácio, a batalha da Sicília, os holocaustos de Perúsia e as proscrições. A primeira delas acabou com as rivalidades entre Octaviano e Marco Antônio e se deu em setembro de 31 a.C.; a batalha da Sicília ocorreu em 36 a.C., e nela foram destruídas as frotas tanto de Octaviano como de Lépido e Marco Antônio; o episódio de Perúsia, por sua vez, refere-se à execução de todos os cidadãos da cidade de Perúsia e de trezentos senadores e cavaleiros a mando de Octaviano, em 40 a.C.; e, finalmente, as chamadas "proscrições" ocorreram no fim de 43 a.C., quando trezentos senadores e dois mil cavaleiros pereceram sob Octaviano. Nenhum desses episódios, porém, corresponde à idade aludida por Sêneca quando compara a "mansidão" de Nero à ferocidade do jovem Augusto, qual seja, dezoito anos. Em todos eles, Augusto já tinha mais de vinte anos, remetendo a um dos grandes problemas filológicos percebidos pelos estudio-

---

66. Neste ponto discordamos de M. T. Griffin, para quem o uso do termo *senex*, nesse momento do texto, refere-se a um Augusto de quarenta anos. Ver M. T. Griffin. *op. cit.*, 1976.

sos do *De Clementia*, que é a data de sua composição, à qual já se aludiu no estudo acerca da bibliografia da obra.

Outra contradição verificada no *De Clementia* encontra-se nas passagens I, 11, 2; I, 11, 3 e I, 19, 4. Nas duas primeiras, Sêneca declara abertamente a inocência de Nero, que nunca havia praticado crime algum. Na terceira e última, observa-se tanto uma alusão velada à morte de Britânico[67] (outro episódio que toca diretamente a questão da data da composição da obra), como uma justificativa para o crime, neste caso, atribuído a Nero. Na primeira passagem Sêneca diz que a clemência por ele aconselhada é aquela mesma que Nero já desempenhava então, pois ele não tinha "arrependimento de sevícias praticadas" e começava seu Principado "sem qualquer mácula, sem nunca ter derramado sangue civil". Na passagem seguinte, continua sua argumentação dizendo que Nero havia preservado o Estado romano "sem sangue", não tendo derramado "nenhuma gota de sangue humano em todo o mundo", fato que havia glorificado sobremaneira seu espírito. Finalmente, a terceira e última passagem apresenta a metáfora das abelhas, que perdem seu aguilhão depois de terem atacado o inimigo. A partir disso Sêneca expressa o desejo de poder o ser humano também ser assim, tendo, "junto com sua arma", a sua fúria dilacerada, não podendo "fazer mal mais do que uma só vez", e não empregando "forças alheias para manifestar os seus ódios".

---

67. Existe um grande debate em relação à morte de Britânico e ao modo pelo qual ela se deu. Segundo a versão oficial, o filho de Cláudio teria falecido em decorrência de um ataque epiléptico, ou seja, de causas naturais. Alguns historiadores, no entanto, acreditam que ele teria sido envenenado a mando de Nero (Tácito. *Anais* XIII, 16 e Suetônio. Vida de Nero XXXIII). A historiografia contemporânea, a seu turno, está mais propensa a aceitar a segunda versão dos fatos. Para maiores informações a respeito desse debate, consultar, entre outros, E. Cizek, *op. cit.*, 1999, pp. 173-183 e P. Somville, *op. cit.*, pp. 255-258.

ESTRUTURA DO *DE CLEMENTIA*

Ao se afirmar que essas passagens constituem uma contradição é porque, em princípio, Sêneca afirma que Nero jamais cometeu qualquer tipo de falta e, num segundo momento, que ele teria cometido um único crime, o assassinato de Britânico. Essa conclusão, no entanto, baseia-se em dois pressupostos: primeiro, que Britânico realmente teria sido assassinado, e, segundo, que Sêneca não desconhecia o crime. Nesse caso, o fato de insistir na inocência de Nero deve-se provavelmente à persistência em fazer de Nero um príncipe clemente, não pela virtude em si mesma, mas pelos benefícios que sua prática acarretaria a seu governo posteriormente.

A última contradição em que Sêneca incorre encontra-se na passagem *De Clem.* I, 12, 1, quando faz uso do exemplo de Dionísio em relação a Sula. Embora já se tenha notado esse ponto em outros momentos deste trabalho, deve-se enfatizar que o emprego desse personagem apresenta-se um tanto fora de propósito, principalmente porque contraria o que o próprio Sêneca já havia dito a seu respeito em obra anterior ao *De Clementia* (*Ad Marciam de Consolatione*). Nesse livro, Dionísio é apresentado como um tirano pérfido e cruel, enquanto no primeiro é posto ao lado de Sula para mostrar que, embora tivesse sido considerado um tirano pelos seus contemporâneos, havia tido o mérito de promover a cidade de Siracusa, transformando-a num grande entreposto comercial do Mediterrâneo. A contradição apresenta-se, assim, pelo uso que Sêneca faz do exemplo de Dionísio em dois momentos diferentes do conjunto de sua obra: na *Ad Marciam de Consolatione* ele é um tirano cruel, enquanto no *De Clementia* apresenta-se como um benfeitor.

Já em relação aos eventuais lapsos que Sêneca poderia ter cometido, a passagem *De Clem.* I, 9, 10 mostra-se bastante reveladora. Nessa parte do texto, Sêneca, por meio da fala de Augusto, enumera alguns dos membros mais ilustres da sociedade romana junto dos quais qualquer governante de Roma se sentiria honrado.

[...] Acaso, daqui por diante te apoiarão Paulo, Fábio Máximo, os Cossos, os Servílios e esta lista tão grande de nobres, não daqueles que ostentam nomes inexpressivos, mas aqueles que trariam honra às imagens dos seus antepassados?

O primeiro dos nomes apresentados, apesar de efetivamente pertencer a uma família patrícia, havia conspirado contra Augusto em 8 d.C., tendo sido, por isso, condenado e executado. O nome em questão é o de Lúcio Emílio Paulo, filho de Emílio Lépido Paulo e Cornélia, marido de Júlia e cônsul em 1 d.C. Não deveria, portanto, figurar na seqüência de nomes anterior (*De Clem.* I, 9, 6), em que Lívia arrola os conspiradores de Augusto? Teria sido mesmo um erro involuntário ou Sêneca pretendia, com isso, advertir a Nero de que mesmo entre os supostos amigos ele poderia encontrar inimigos?

O rol de conjurações contra Augusto que se segue na fala de Lívia também não está completo, evidenciando talvez, mais um lapso de Sêneca. Faltam ainda as conspirações de Galo (26 a.C.) e as outras tentativas das quais fala Suetônio:

Descobriu e afogou no nascedouro motins e até mesmo começo de revoluções, assim como numerosas conspiratas que se tramaram contra ele em diferentes épocas. Primeiramente, a do jovem Lépido; depois a de Varrão Murena e Fânio Cepião; em seguida, a de Marco Egnácio; mais tarde, a de Plauto Rufo e Lúcio Audásio, [...]; e, ainda, a de Asínio Epicádio [...]; finalmente, a de Télefo, escravo nomenclator [...] (Suetônio, Vida de Augusto XIX. Trad. de Sady-Garibaldi).

ESTRUTURA DO *DE CLEMENTIA*

Ademais, as conspirações de Murena e de Cepião, no relato de Sêneca (*De Clem.* I, 9, 6), aparecem como distintas uma da outra, o que não é verdade.

Outro elemento que corrobora a existência de imprecisões no *De Clementia* encontra-se nas passagens I, 9, 1 e, mais uma vez, em 1, 9, 6, quando Sêneca chama Cneu Cornélio Cina de Lúcio Cina. Ora, o segundo Cina é justamente o pai do primeiro, autor da já bastante citada conspiração de Cina. Segundo M. Renard[68], essa imprecisão deve-se realmente a um "erro de Sêneca, pouco zeloso da precisão histórica". De acordo com este autor, Sêneca teria consultado os *fasti*, a fim de precisar o nome do conspirador e controlar a exatidão de suas informações: *Cn. Cornelius L. f. Magni Pompei n.Cinna Magnus.* Aponta, por outro lado, que o lapso pode ser atribuído à tradição manuscrita, argumento bastante defendido também por F. Préchac[69]. Para este, o fato de Lívia enumerar os conspiradores no *De Clementia* sem os seus respectivos prenomes, pelos mesmos aparecerem no *De Breuitate Vitae* (IV, 5-6) também sem os seus prenomes, e ainda por Sêneca não ter precisado onomasticamente, no *De Beneficiis* (IV, 30, 2), o Cina a que se refere, permite a conclusão de que Sêneca, nas passagens *De Clem.* I, 9, 2 e I, 9, 6, simplesmente reproduz o nome de Cina do modo como vinha procedendo. Segundo Préchac ainda, o nome de Cina, em duas ocasiões por ele observadas nos manuscritos aos quais recorreu, traria uma notação obscura, dificultando sua precisão.

Essas explicações – apesar de buscarem fundamento em estudos bastante elaborados –, no entanto, são tendenciosas,

---

68. M. Renard, *op. cit.*, pp. 252-253.
69. F. Préchac, *op. cit.*, 1935, p. 370.

pois carecem de uma objetividade maior. No primeiro caso, por parecer pouco provável uma identificação tão precisa de quais documentos Sêneca teria utilizado para a composição de suas obras; no segundo, por se tratar de mera especulação, já que o fato de um termo aparecer "obscuro" em determinado manuscrito não significa que o mesmo não tenha sido grafado corretamente. Se se trata de um erro da tradição manuscrita, ou mesmo do próprio Sêneca, o fato em si não deve causar espanto. Primeiramente, porque erros dessa natureza são comuns em manuscritos, e, no caso específico de Sêneca, porque equívocos análogos são encontrados ao longo de suas obras, como bem demonstra Renard[70]. Em *Ad Helviam de Consolatione* VII, 8, por exemplo, Sêneca confunde lugares diversos como a Fócia e a Fócida; nessa mesma obra, identifica personagens distintos como Cúrio Dentalo e Fabrício (X, 8), Cipião, o Africano e seu tio Cn. Cipião Calvo (X, 6) ou Aristides e Fócio (XIII, 7); no *De Ira* III, coloca Felipe em eventos muito posteriores (23, 2), faz de Alexandre o sobrinho de Antígono (23, 1) e contamina histórias diferentes como as de Pisístrates e a de Zenão de Eléia (23,1). A falta de rigor histórico por parte de Sêneca, todavia, embora traga algumas dificuldades para os pesquisadores, hoje (como no caso da determinação da própria data em que o tratado foi redigido), não deveria ser motivo de grandes preocupações para ele, já que o que mais lhe interessava era o conteúdo moral que seus *exempla* apresentavam.

Em relação às omissões ou ausências do texto, Sêneca, ao esboçar sua teoria de governo, não se refere a qualquer tipo de instituição humana sobre a qual estaria fundado o poder do príncipe. Assim, não se encontram quaisquer referências ao

---

70. M. Renard, *op. cit.*, p. 254.

ESTRUTURA DO *DE CLEMENTIA*

Senado[71] – com quem ele dividiria o governo do Estado e do qual emanaria seu poder[72] –, ao Exército – como meio de legitimação de sua soberania[73] –, ou mesmo à esfera da administração pública do Império. Contrariamente ao que se verifica no discurso de posse de Nero, no qual são asseguradas ao Senado suas antigas atribuições (Tácito. *Anais* XIII, 4), o *De Clementia* simplesmente ignora, dessa maneira, o que aos

---

71. A única alusão ao Senado é feita em I, 24, 1, a respeito de um decreto sobre os escravos. Essa passagem não se refere, entretanto, às relações estabelecidas com o príncipe. "Outrora, decidiu-se por um parecer do senado que um sinal na roupa distinguiria os escravos dos homens livres. Em seguida, ficou evidente quanto perigo nos ameaçaria se os nossos escravos começassem a nos enumerar. [...]".

72. Para J. Sullivan (*op. cit.*, p. 132), pelo contrário, o *De Clementia* seria, na verdade, uma forma de "reconciliação com o Senado". Seu argumento vai no sentido de que, pelo seu gênero, a obra seria um "instrumento de governo indireto". Embora não se deva discordar totalmente dessa hipótese – já que a obra é uma advertência a todos, nada melhor do que uma "reconciliação" entre as partes –, o argumento que a justifica carece de maiores fundamentos. Como já se disse, não há nenhuma menção a qualquer tipo de instituição que venha legalizar o poder do príncipe, exceto a de caráter divino. Ademais, o tratado encerra uma concepção de poder centrado num único indivíduo, que age para o bem comum a partir de uma repressão útil e como mandatário das leis.

73. No que concerne ao Exército, Sêneca refere-se a ele em apenas três momentos do texto. No primeiro deles (*De Clem.* I, 1, 2), Sêneca fala dos milhares de espadas que a paz do príncipe reprime, desembaiadas a um simples aceno seu; no segundo (*De Clem.* I, 13, 1), ressalta a anuência do "soldado brioso" aos atos do príncipe "pacífico e tranqüilo", pois "vê que se dedica à segurança pública"; já no terceiro (*De Clem.* I, 15, 5), afirma que um rei que "exerce o seu poder pacífica e saudavelmente" não necessita de "escoltas", tendo um "exército apenas por questão de ornamento". O Exército, nesse sentido, embora esteja de acordo com as atitudes do soberano, não funciona como elemento de confirmação e legitimação de seu poder; seu papel restringe-se apenas a aprovar e a ornamentar, não passando de um "instrumento, por excelência, do príncipe" (R. Waltz, *op. cit.*, p. 320).

olhos dos pares de Sêneca seria o grande problema político de então, ou seja, as relações entre o príncipe e o Senado[74].

Nesse sentido, o que se observa é que o poder teorizado por Sêneca no *De Clementia* é uma atribuição de deuses e não de homens. O príncipe que o exerce é identificado como *Maximus* e *Optimus* (*De Clem.* I, 19, 9), devendo, portanto, ser comparado a Júpiter. O primeiro termo ilustra o caráter e a extensão de seu poder (sagrado), enquanto o segundo, os meios para exercê-lo (*clementia*). Embora num primeiro momento não seja importante "qual o meio" ou "qual o direito" que tenha colocado o príncipe como preposto dos demais homens (*De Clem.* I, 19, 1), seu poder deve ser construído "segundo a lei da natureza", pois foi ela quem inventou o rei (*De Clem.* I, 19, 2). Esse poder, assim, procede de um direito divino inscrito na natureza, fazendo do príncipe um representante dos deuses (*uice deorum fungi – De Clem.* I, 1, 2) – que age para com seus cidadãos da mesma forma que os deuses em relação ao universo –, bem como o realizador da fusão do organismo do Estado e do Império (*De Clem.* I, 4, 2). Ninguém duvida de seu poder (*De Clem.* I, 17, 3), mas para que seja reconhecido como tal, deverá se sobressair pelas suas virtudes, cuja prática permitirá sua transformação num verdadeiro sábio e, conseqüentemente, num governante "pacífico" (*De Clem.* I, 13, 4), "benéfico e generoso" (*De Clem.* I, 19, 9).

O fato, portanto, de Sêneca contrapor o governo de Augusto ao de Nero, não é tanto para ressaltar suas diferenças, mas suas semelhanças, já que o poder de ambos foi reconhecido e fundamentado a partir das mesmas instituições. A fim de

---

74. Ver R. Fears, "Nero as the Viceregent of the Gods in Seneca's *De Clementia*", 1975, pp. 489-490; M. T. Griffin, *op. cit.*, 1984, p. 77 e P. Veyne, *op. cit.*, 1996, p. 205.

ESTRUTURA DO *DE CLEMENTIA*

que possa suplantar o modelo augusteano – o qual ainda se fazia presente –, Nero deveria explorar as virtudes que lhe eram inatas, de forma a se distinguir de Augusto (que fora clemente apenas no fim de sua vida), e fazer com que "os males praticados em um longo período de soberania [dessem] lugar a um século de felicidade e pureza" (*De Clem.* II, 1, 2).

Por essa análise conclui-se, portanto, que as contradições, lapsos e omissões cometidos por Sêneca não eram propriamente involuntários, mas tinham um propósito claro e definido. Ao utilizar esses recursos, comprometedores, até um certo ponto, de sua reputação como filósofo e escritor que era, Sêneca visava a enfatizar o que, aos seus olhos, parecia ser o mais importante, o fundamental, ou seja, o contraste entre a virtude de Nero e a ausência dela em Augusto, a persistência em fazer de Nero um modelo que suplantasse o do fundador do Império, os benefícios decorrentes do uso da clemência para o poder imperial, enfim, que o poder, exercido de modo absoluto e pelos meios adequados, seria preservado por aquele que o detivesse, ao mesmo tempo em que garantiria a sua própria existência e a continuidade do Império Romano.

Conclusão

Ao longo deste estudo sobre a obra *De Clementia*, de Sêneca, o principal objetivo foi confirmar que a teoria de poder nela inscrita era original e única no momento histórico em que surgiu, qual seja, o do Principado de Nero.

Para tanto, remontou-se à época da instituição do Principado com Augusto a fim de delinear o modelo de governo estabelecido por seu fundador. Por meio dessa análise, concluiu-se que o Principado, ao longo de seu primeiro século de existência, como regime político, sofreu importantes modificações, principalmente em relação às decisões tomadas por seus dirigentes. Em vista disso, preservar o poder imperial e manter coesas as forças que o sustentavam exigia uma nova orientação política, a que Sêneca procurou responder baseado no estoicismo e nos preceitos das demais escolas filosóficas gregas. Nesse sentido, a partir das principais fontes textuais sobre o período e das emissões monetárias da dinastia júlio-claudiana, procurou-se avaliar em que medida a orientação política de Sêneca foi implementada e qual sua originalidade

ao apresentar uma teoria de poder cujo principal meio de execução assentava-se em uma virtude. Pelo fato de não se encontrar evidências que pudessem determinar precisamente o período em que o projeto político senequiano foi implementado
durante o governo de Nero, nem em nível textual, nem em nível material – embora, enfatize-se, haja evidências de que ela
poderia ter sido empreendida ao longo de praticamente todo
o seu Principado –, a conclusão a que se chegou é a de que o
Principado de Nero apresenta uma política contínua que adquiriu diferentes matizes ao longo de sua duração. Ainda que
não esteja diretamente ligada a essa questão, a idéia de que o
tratado sobre a clemência seja uma nova teoria política apresenta-se quando da análise das emissões monetárias, de certa
forma propagadoras de ideologia. Isso ressalta a originalidade
do trabalho de Sêneca, visto que ele não encontra paralelos nas
demais fontes do período. Além disso, os preceitos dessa obra
configuraram-se como uma das bases da ideologia imperial
dos Antoninos, especialmente sob Marco Aurélio, o que revela
a sua novidade diante do que se apresentava em termos de teoria política no período.

Recorreu-se, assim, a uma análise que levasse em consideração grande parte das questões que a obra suscita, como a
determinação do número de livros e a data de sua composição, por exemplo. Foi elaborado um quadro historiográfico
sobre o estado atual das pesquisas sobre o *De Clementia* de
modo a considerar as inúmeras abordagens testadas pelos estudiosos. Dessa análise concluiu-se que, apesar dos grandes
esforços empreendidos, muitas discussões estão praticamente
encerradas. No caso da determinação do número livros, sabe-
se que a obra, originalmente, conforme Sêneca anuncia no
proêmio, possuía três partes, das quais teriam restado apenas

CONCLUSÃO

a primeira e o início da segunda. O fato, no entanto, de o texto estar corrompido justamente no lugar em que se anuncia o tema do primeiro livro e a impossibilidade de se reconstruí-lo, levaram alguns pesquisadores a questionar o que teria restado do tratado no sentido de encontrar sua verdadeira ordenação. Embora muito se tenha avançado nesse campo, o fato é que a divisão tripartite da obra proposta por F. Préchac não é mais aceita atualmente; podendo-se afirmar que todo e qualquer trabalho deve levar em consideração apenas o que restou do texto na ordem em que aparece nos manuscritos, evitando assim especulações.

O mesmo pode ser dito em relação à data de composição do *De Clementia*. A única indicação que se tem do ano em que foi elaborado apresenta-se no próprio tratado, mas as imprecisões históricas em que Sêneca incorre na seqüência do texto levaram a um grande debate sobre suas intenções e mesmo em relação à tradição que preservou os manuscritos. Nesse caso, ou se aceita que as incorreções históricas de Sêneca eram propositais e tinham uma finalidade específica, como se procurou demonstrar neste trabalho – e aí o tratado pode ser precisamente datado – ou então que elas realmente escaparam à sua diligência, visto não serem sua preocupação principal – o que, por sua vez, inviabiliza o estabelecimento de qualquer data.

Neste trabalho procurou-se falar ainda sobre o gênero adotado por Sêneca ao redigir o *De Clementia*. O objetivo era, uma vez mais, provar a originalidade das idéias expostas no tratado a partir da forma com que foram apresentadas, qual seja, como um "espelho de príncipe", praticamente um consenso na historiografia. Os tratados sobre a realeza, gênero pouco conhecido entre os romanos, como se fez notar, surgiram no século IV a.C., e procuravam legitimar o governo de um "rei-filósofo". Foram elaborados como uma resposta à instabilidade política de então e, no caso de Sêneca, seu *De Clementia* procurou, do mesmo modo, encontrar uma solução para os problemas que o Principado romano vinha enfrentando, principalmente em relação à manutenção e à continuação do poder imperial.

Observou-se ainda que o tratado sobre a clemência permite inúmeras abordagens, podendo ser analisado do ponto de vista político, filosófico, jurídico e pedagógico. Ele apresenta uma teoria de poder baseada em princípios filosóficos no qual se verifica uma sistematização de normas precisas, em forma de conselhos, para uma boa gestão do Estado. Além disso, o tratado permitiu concluir que a *clementia* preconizada por Sêneca é um meio eficiente para essa boa gestão, pois garante a manutenção das relações entre o governante e seus governados, bem como a concórdia dentro do Estado e sua conseqüente compacidade.

Ao se analisar a estrutura do tratado, procurou-se demonstrar que, apesar dos debates sobre a incoerência do texto, ele apresenta uma grande harmonia entre suas idéias, ou seja, a teoria de poder esboçada por Sêneca é arquitetada de modo a convencer o príncipe de que o meio mais eficaz de se governar é a adoção de um regime monárquico no qual o detentor do poder age de modo equilibrado, levando em consideração também a opinião de seus subordinados. Nesse sentido, foram analisados: o plano lógico-argumentativo de Sêneca, que apontou para uma seqüência bastante coerente de idéias; os exemplos utilizados, que se configuram como a base mesma na qual Sêneca estabelece o plano de sua composição; as ordenações temáticas, que evidenciam a existência de novas seqüências, dadas por meio de imagens e metáforas; e as contra-

CONCLUSÃO

dições, lapsos e omissões presentes na obra, que permitiram inferir outras intenções de Sêneca além das que, aparentemente, apresentam-se, ou seja, reforçar sua argumentação no sentido de convencer a Nero que a clemência é um excelente instrumento de poder.

Na consideração sobre as bases filosóficas do *De Clementia*, concluiu-se que o tratado faz parte de toda uma tradição filosófica: analisado do ponto de vista da teoria política, ele possui elementos que tornam manifesta a presença de grande parte dos preceitos das escolas filosóficas gregas, sobretudo do estoicismo. Nesse sentido, foi possível afirmar que Sêneca inscreve-se dentro dessa tradição especialmente porque retoma os temas da filosofia política grega e dá-lhes um tratamento original, provando também que sua teoria se insere dentro da própria evolução política do Principado. Sua originalidade, além disso, vem do fato de ele elevar a clemência a instrumento geral de poder e por tentar conciliar uma visão universal deste poder com o fato de que ele ainda se centrava na cidade de Roma.

Este trabalho permite, enfim, a conclusão de que ainda há muito a ser feito. A teoria de poder de Sêneca, por sua novidade e originalidade, talvez não tenha tido a atenção que merecia durante o período em que foi elaborada, embora muito dela possa ser encontrado nas medidas tomadas por Nero ao longo de seu governo. Ela será, porém, como já se disse, retomada sob os Antoninos, e dará origem a uma série de trabalhos que procurarão enfatizar sobretudo o papel do príncipe e de suas relações com os seus governados, uma das "peças-chave" na manutenção da ordem e da compacidade do Império Romano. Nesse sentido, o pesquisador que se dispuser a analisar essas obras (como, por exemplo, as de Plínio, o Jovem,

Dião Crisóstomo e Plutarco) deverá voltar um pouco antes no tempo e se deter em um tratado considerado incompleto, resistente a análises e de complexo entendimento; um tratado sobre o qual muito já se disse, mas que ainda tem muito a dizer: o *De Clementia*, de Sêneca.

GLOSSÁRIO*

ÁCIO LÚCIO – (*cc.* 176-86 a.C.) poeta latino e dramaturgo de Pisauro, na Úmbria. Seu estilo vigoroso influenciou muitos retóricos posteriores, entre eles Cícero, além do poeta Virgílio. Seu *Atreus* continha a tirânica frase *oderint dum metuant* ("que me odeiem, conquanto me temem"), que Suetônio afirmava ter sido muito utilizada por Calígula. Segundo Albertini, Sêneca teria utilizado a sentença a partir das obras de Cícero.

AGRIPINA – filha de Agripina, Maior e de Germânico, irmão e filho adotivo de Tibério, casou-se primeiramente com

---

* Para a realização deste Glossário foram utilizadas as seguintes obras: Albertini, *op. cit.*, p. 213; D. Bowder, *Quem Foi Quem na Roma Antiga*, 1990; Errandonea, *Diccionario del Mondo Clásico*, 1954; P. Grimal, *A Civilização Romana*, 1984, pp. 285, 286, 288-289 e 315-316; P. Grimal, *Dictionnaire de la Civilization Romaine*, 1989; Hammond e Scullard, *The Oxford Classical Dictionary*, 1979; Harvey, *Dicionário Oxford de Literatura Clássica Grega e Latina*, 1987; Howatson, *op. cit.*, 1990; *L'emprières's Classical Dictionary of Proper Names Mentioned in Ancient Authors*, 1984; Néraudeau, *op. cit.*, p. 119; Renard, *op. cit.*, p. 242; Voisin, *Dictionnaire des Personages Historiques*, 1995.

Cneu Domício Aenobarbo em 28 d.C., com quem teve seu único filho, Nero (futuro imperador). Sob o governo de Calígula, seu irmão, foi exilada por ter tomado parte na conspiração de Lêntulo Getúlico. Voltou a Roma novamente a mando de Cláudio e, ficando viúva, casou-se com Salústio Passieno Crispo, de quem se divorciou posteriormente para se casar com Cláudio, seu tio, em 49. Passou então a desfrutar de grande poder: em 50 tornou-se Augusta; fez com que seu filho Nero fosse adotado por Cláudio; nomeou Burro para prefeito do Pretório, entre outros. Receosa de que Cláudio escolhesse Britânico a Nero como sucessor, envenena o imperador e dispõe as condições para que Nero fosse aclamado em seu lugar. Em 59, porém, é assassinada a mando de seu filho.

ALEXANDRE III, O GRANDE – rei da Macedônia entre 336 e 323 a.C., filho de Felipe II. Teve como um de seus preceptores o filósofo Aristóteles e conquistou grande parte do mundo até então conhecido.

ANTÍGONO GÔNATAS – neto de Antígono (um dos generais de Alexandre, o Grande que morreu em 301 a.C.) e filho de Demétrio Poliorcetes. Estabeleceu na Macedônia a Dinastia Antígona, que manteve um controle parcial sobre a Grécia.

ASÍNIOS – família plebéia originária de Teate e cujo nome, segundo a tradição, derivava do fato de um de seus antepassados ter usado um asno carregado de ouro como garantia de uma propriedade que havia adquirido. Até o fim da época republicana permaneceu obscura. O Asínio a que se refere Sêneca é C. Asínio Polião, eleito cônsul em 40 a.C. Durante a Batalha de Ácio absteve-se de interferir nela, tendo conservado sempre uma amistosa familiaridade com Augusto.

GLOSSÁRIO

Augusto – C. Otávio Turino, sobrinho neto de César pelo lado da mãe, nasceu em 63 a.c. O pai, morto em 58, pertencia a uma família abastada de Velitrae onde fora o primeiro membro a entrar para o Senado. Adotado por César, Otávio passou a se chamar, em 44 a.c., Júlio César Octaviano. Neste mesmo ano, Júlio César é assassinado e Octaviano empenha-se, então, em reivindicar a sua herança. Formou o segundo triunvirato com Marco Antônio e Lépido, tendo-os derrotado em 31 a.c. na Batalha de Ácio. Aos poucos, foi angariando títulos e honrarias que lhe atribuíram cada vez mais poderes, inaugurando, em 27 a.c., um novo regime, o Principado. Morreu em 14 d.C.

Aulo Terêncio Varrão Murena – cunhado de Mecenas, conhecia também Horácio. Como cônsul, sob Augusto (23 a.C.), defendeu M. Primo, ex-governador da Macedônia acusado de crime de lesa-majestade. Juntou-se a Fânio Cepião numa conspiração em 22 a.C. Foi condenado e executado.

Batalha de Ácio – pôs um fim às divergências entre Octaviano e Marco Antônio em 2 de setembro de 31 a.C.

Batalha da Sicília – enfrentamento das esquadras de Octaviano, Marco Antônio e Lépido, cujo resultado foi a destruição das três. Em 36 a.C.

Busires – de acordo com a mitologia grega, Busires fora um dos reis do Egito, filho de Posêidon e Líbia, que sacrificava todos os estrangeiros que entravam em seu território a Júpiter. Quando Hércules visitou a região, matou-o, bem como a seu filho Amfidamas e toda a sua comitiva. Entre os escritores clássicos, Heródoto, Eurípedes, Isócrates, Diodoro, Virgílio, Arriano, entre outros, o mito era muito popular.

C. Fânio Cepião – membro da *gens Fanii* (*gens* plebéia) que participou da conspiração de Terêncio Murena contra o Imperador Augusto em 22 a.C. Durante algum tempo viveu escondido por um escravo; descoberto, não se sabe se foi entregue ao verdugo ou se cometeu suicídio.

C. Salústio Crispo – foi conselheiro de Augusto. Assim como Mecenas, preferiu servir a este imperador sem se tornar senador, tendo sua influência sido bem maior do que a da maioria dos senadores, principalmente depois do afastamento de Mecenas. Declinou de seus serviços no governo de Tibério. Em 14 d.C., foi responsável pela morte de Agripa Póstumo. Plínio, o Velho, revela que a riqueza de Salústio provinha de trabalhos em metal na região dos Alpes e, assim como Mecenas, foi patrono de poetas, entre os quais Horácio e Crinágoras.

Caio Júlio César – nasceu a 13 de julho de 101 a.C. Foi eleito Pontífice Máximo em 73, cargo este que marcou o início de sua ascensão política. Foi questor na Espanha em 68, edil curul em 65 e cônsul em 59. Em seguida, formou, com Pompeu e Crasso, o primeiro triunvirato, fazendo com que lhe fossem atribuídas as províncias da Gália Cisalpina, à qual conseguiu que o Senado juntasse a Transalpina. Vê-se, então, envolvido numa série de campanhas. Em 48 vence o partido senatorial em Farsália e, em abril de 46, esmaga as forças de Pompeu na África e na Espanha. É assassinado em 15 de março de 44.

Caio Júlio César Germânico – posteriormente Tibério Cláudio César Augusto Germânico (mais conhecido como Calígula), nasceu em 12 d.C. em Âncio; era filho de Germânico e de Agripina, a Velha, dos quais herdara o nome e a popularidade. Sucedeu a Tibério, seu tio adotivo, em 37 d.C. e seu governo, embora tenha sido curto, foi marcado por grandes extravagâncias. Alguns de seus atos, entretanto, parecem ter respondido a um objetivo político definido: deificação do Imperador enquanto vivo, regras de etiqueta copiadas da corte dos Lágidas, entre outros. Foi assassinado, em Roma, em 20 de fevereiro de 41.

Caio Múcio Cordo Cévola – tentou assassinar Porsena quando de seu cerco a Roma, mas, quando foi preso, ganhou a admiração deste por sua coragem, por ter queimado a própria mão direita ao ser coagido a revelar as estratégias dos romanos sob a ameaça de ser atirado ao fogo. A lenda talvez tenha servido como uma explicação etiológica dos Prados Mucianos (que, pretende-se, foram dados a ele), e a queima de sua mão direita teria sido acrescentada posteriormente para explicar o cognome *Scaevola* (interpretado como "canhoto"), usado mais tarde pelos Múcios. Sua história aparece também relatada em Tito Lívio, *História de Roma* II, 12.

Cneu Cornélio Cina Magno – neto de Pompeu, conspirou contra Augusto em sua ausência na Gália (*cc.* de 16-13 a.C.). Sob as instâncias de Lívia, Augusto o perdoou e lhe concedeu o consulado em 5 a.C.; fez dele ainda um de seus melhores amigos e seu principal herdeiro. Sêneca, em *De Clem.* I, 9, 1 e I 9, 6 confunde-o com seu pai, pois o chama de Lúcio Cina.

Cneu Pompeu Magno – nasceu em 106 a.C. e pertencia à mais alta nobreza. Em 89 iniciou a carreira das armas sob o comando do pai, durante a guerra social, e depois lutou contra Mário em 87. Em 83, ficou ao lado de Sila fazendo campanha contra os partidários de Mário na Sicília e na África. Mereceu então, pelos seus feitos, o cognome de *Magnus*. Em 70, exerceu o consulado, e três anos mais tarde partiu para o Mediterrâneo, numa luta contra piratas. Posteriormente, comandou a guerra contra Mitrídates, reduzindo a Síria a província, conquistando Jerusalém e assegurando a influência romana na Armênia. Em 59, estabeleceu, juntamente com Crasso e Júlio César, o primeiro triunvirato, tendo sido derrotado pelo último em 48, na batalha de Farsália.

Cosso Cornélio Lêntulo Getúlico – autor de epigramas, chegou ao consulado em 1 a.C. com L. Calpúrnio Pisão Augur. Obteve seu sobrenome por haver triunfado sobre os gétulos, povo africano. Ao mandar Tibério e Druso à Panônia no ano 14 d.C. para apaziguar as legiões sublevadas de Júlio Bleso, Lêntulo quase foi apedrejado pelos levantados. Foi vítima dos receios de Calígula, que o condenou à morte em 35 d.C.

Dionísio, o Velho – tirano de Siracusa que viveu de 430 a 367 a.C. Participou das três guerras púnicas contra os cartagineses, tendo transformado Siracusa numa das cidades mais poderosas do Mediterrâneo. Sua imagem foi deformada pela propaganda lançada contra os tiranos por historiadores e oradores (Timeu, Lísias) contemporâneos.

Domícios – *gens* romana de origem plebéia que adquiriu muito relevo entre a morte de Caio Graco e a ascensão de Nero, último representante dos Aenobarbos, assim chamados pela cor vermelha de sua barbas. Velhas tradições davam a origem do sobrenome a influências divinas. Segundo elas, os *Dióscuros* (Castor e Pólux) haviam ajudado os romanos em sua vitória no lago Regilo. Estes, uma vez vencedores, haviam encarregado um certo Domício de levar a notícia ao Senado romano. Para dar a este a prova de sua divindade, os *Dióscuros* tocaram com suas mãos a barba do emis-

GLOSSÁRIO

sário, que de negra se transformou em amarelo cobre. E assim a conservaram seus sucessores. O Domício a que se refere Sêneca no *De Clem.* é o bisavô de Nero, Cneu Domício Aenobarbo. Em 40, foi nomeado governador da Bitínia por Marco Antônio, tendo-o acompanhando ainda em sua campanha contra os partos. Em 32 foi cônsul. Em função das intrigas de Cleópatra, colocou-se ao lado de Octaviano pouco antes da Batalha de Ácio.

FÁBIOS – nobre e poderosa família de Roma que derivou seu nome de *faba*, um tipo de feijão, porque alguns de seus antepassados o cultivava. Foram também tidos como descendentes de um certo *Fabius*, suposto filho de Hércules com uma ninfa italiana. A família se dividiu em seis diferentes ramos: *Ambustii, Maximii, Vibulanii, Buteonii, Dorsonii* e *Pictorii*. As três primeiras são mais freqüentemente mencionadas na história romana, as outras, mais raramente. O membro da *gens Fabii* a que Sêneca se refere é Paulo Fábio Máximo – cônsul com o filho de Marco Antônio em 11 d.C. É citado ainda por Horácio.

FÁLARIS – tirano de Ácragas (Agrigento), na Sicília (*cc.* 370-365 ou 554-549 a.C.) durante dez anos. Ficou conhecido pela crueldade com que tratava seus inimigos: assava-os dentro de um touro de bronze construído por um certo Perilo, supostamente a primeira vítima de sua invenção.

HOLOCAUSTOS DE PERÚSIA – massacre dos habitantes e destruição da cidade de Perúsia por Octaviano em idos de março de 40 a.C. Por esta ocasião, também foram oferecidos em sacrifício trezentos senadores e cavaleiros para celebrar os manes de Júlio César.

LISÍMACO – um dos 35 generais que compartilharam a herança de Alexandre; desta, coube-lhe a Trácia e as nações costei-

IMAGENS DO PODER EM SÊNECA

ras do Ponto Euxino. Era homem de nascimento obscuro, cujo valor e talentos militares se destacaram nas campanhas de Alexandre. Segundo Justino, teria sido arremessado ao covil de um leão por ordem de Alexandre, por haver dado veneno a Calístines. Foi bem-sucedido agasalhando sua mão em um manto e enfiando-a na boca do animal, matando-o. Por sua coragem, teria sido perdoado e, dali em diante, bastante estimado por Alexandre. Há controvérsia, no entanto, em relação a esse episódio. Outra versão afirma que Lisímaco fora perseguido por um dos leões de Alexandre e que, mesmo tendo matado o animal, saíra gravemente ferido. Morreu em 281 a.C. aos 74 anos em Ciropedion (Frígia), vencido pelas tropas de Agátocles e Seleuco, que lutavam pelo território da Macedônia.

Lívia – nasceu em 55 a.C. e casou-se duas vezes: a primeira, com Tibério Cláudio Nero, de quem teve dois filhos (Tibério e Druso); a segunda, com Augusto. Foi a primeira mulher a receber em vida o título de *Augusta*.

Lúcio Cornélio Sula – cônsul romano em 88 e 80 e ditador entre 82 e 79 a.C. Por seus métodos revolucionários e pouco constitucionais, acelerou a queda da aristocrática constituição republicana que procurou sustentar. Sua ferocidade nas represálias tornou odiosa sua memória, apesar de seus grandes serviços como soldado. A duração de suas leis, bastante violentas, foi, por isso mesmo, efêmera.

Lúcio Emílio Paulo – filho de Emílio Lépido Paulo e Cornélia, foi marido de Júlia e cônsul em 1 d.C. Por volta de 8 d.C. conspirou contra Augusto e foi executado.

Lúcio Rufo Tário – de origem humilde, talvez de Piceno, serviu como oficial na frota de Octaviano em Ácio, como procônsul de Chipre (*cc.* 27 a.C.) e como comandante nos

GLOSSÁRIO

Bálcans. Augusto fez dele *consul suffectus* e presenteou-o com dez milhões de sestércios, que investiu em terras em Piceno. Foi *curator aquarum* de 23 a 24 a.c., quando provavelmente morreu.

M. Coceio Nerva – jurisconsulto e cônsul no ano 22 d.c. Foi discípulo de Labeo, também ilustre jurisconsulto da época de Augusto. Foi superintendente das águas e muito amigo de Tibério, a quem acompanhou no desterro; no ano 33, jejuou até morrer.

M. Inácio Rufo – filho de um amigo de Cícero; quando edil, foi muito querido pelo povo por haver demonstrado grande presença nos incêndios. Morreu por ter conspirado contra Augusto em 20 a.c. ou em 19 a.c.

Marco Antônio – participou do segundo triunvirato com Octaviano (posteriormente Augusto) e Lépido. Em função dos interesses políticos de Cleópatra (rainha do Egito com quem Marco Antônio se envolvera), o Senado romano lhe declarou guerra. Derrotado em Ácio, fugiu para o Egito e se suicidou ao saber da falsa notícia da morte de Cleópatra (30 a.c.).

Marco Emílio Lépido – filho de M. A. Lépido (triúnviro), conspirou em 30 a.c. para o assassinato de Octaviano em seu retorno a Roma depois de Ácio. Foi, entretanto, descoberto por Mecenas e executado.

Marco Emílio Lépido – foi cônsul em 46 a.c. e *magister equitum* entre 46 e 44. Compôs o segundo triunvirato com Marco Antônio e Octaviano, sendo vencido por este último em 36. Deteve, todavia, o título de *pontifex maximus* até sua morte, em 12 a.c.

Marco Túlio Cícero – renomado orador, Octaviano o procurou quando da morte de César para reclamar sua herança como sobrinho e filho adotivo, no que foi prontamente auxiliado. Cícero então passou a orientar os primeiros passos de Octaviano na política, mas acabou morrendo durante as proscrições por ter escrito as *Filípicas*.

MARCO VALÉRIO MESSALA CORVINO (64 a.C. – 8 d.C.) – Soldado, orador e homem de Estado, primeiramente esteve ligado a Marco Antônio. Como, porém, não aprovasse sua conduta, juntou-se a Octaviano. Foi quem propôs, em 2 d.C., o título de *pater patriae* para Augusto.

MÉTIO CÚRCIO – cavaleiro romano que se devotou aos deuses para salvar Roma, por volta de 360 a. C. Uma grande fenda, chamada depois de *Curtius lacus*, abriu-se repentinamente no Fórum, e o oráculo predisse que ela nunca iria se fechar se Roma não depositasse nela seu bem mais precioso. Cúrcio percebeu que se tratava de um sacrifício humano e, armado e montado em seu cavalo, solenemente atirou-se na fenda, que de imediato se fechou. Esta é a referência a que Sêneca recorre, mas há duas outras, quais sejam, aquela que diz que Métio Cúrcio é um nome inventado para explicar o nome do lago Cúrcio no Fórum romano, dentro do qual supostamente entrou com seu cavalo enquanto lutava a favor de Tito Tácio (rei dos Curos, que lutou contra Rômulo depois do rapto das sabinas); e uma terceira que afirma ser Métio Cúrcio (cônsul em 445 a.C.) o personagem que teria cercado a área do lago perto do Fórum por ela ter sido atingida por um raio, daí o nome atribuído ao local.

PIRATAS – aventureiros das mais diversas procedências que interceptavam comboios marítimos, dificultando assim o comércio e o abastecimento das cidades. Empregavam muitos atos violentos.

GLOSSÁRIO

PROCRUSTES – também conhecido por Damastes, Polypemon ou Procoptas. Filho de Posêidon, vivia entre a estrada que ligava Atenas a Elêusis. Costumava pôr os viajantes que assaltava num leito: se eles fossem muito grandes para ele, cortava-lhes as pernas; se, no entanto, fossem menores, esticava suas vítimas para igualar sua altura ao comprimento do leito. Foi morto por Teseu perto de Cefiso, tendo sua cabeça cortada.

PROSCRIÇÕES – assassinato de trezentos senadores e dois mil cavaleiros romanos em 43 a.C. Foram decretadas por Marco Antônio e executadas por Octaviano.

PÚBLIO SUÍLIO RUFO – homem violento que foi questor de Germânico no ano 24 e lhe serviu como tesoureiro; já em tempos de Tibério tornou-se suspeito de receber dinheiro por suas sentenças, pelo que foi desterrado. No governo de Cláudio, entretanto, recobrou todo o favor e a primazia, dos quais, segundo Tácito (*Anais* XI, 4), nunca fez bom uso. Era inimigo de Sêneca, acusando-o de ter cometido adultério dentro da família imperial e de ter reunido enorme fortuna, apesar de sua filosofia estóica. Foi denunciado, entretanto, por ter matado Júlia (filha de Druso) e Sabina Popéia, além de seus roubos na Ásia e a responsabilidade por todos os crimes de Cláudio. A maior parte de seus bens foi confiscada e repartida entre seu filho e sua neta. Foi desterrado para Baleares (56), onde teria vivido esplendidamente.

PÚBLIO VÉDIO POLIÃO – filho de libertos e amigo de Augusto, conseguiu alcançar a classe eqüestre. Rico e cruel, usava lampréias que criava para punir seus escravos. Conta-se que, durante um jantar em que Augusto estava presente, V. Polião encolerizou-se com um escravo que havia que-

IMAGENS DO PODER EM SÊNECA

brado uma taça e mandou lançá-lo ao poço das lampréias. O escravo atirou-se então aos pés de Augusto, que censurou Polião por sua crueldade. Foi, apesar disso, um dos assistentes privados de Augusto mais influentes, tendo agido na Ásia como oficial. Morreu em 15 d.C., deixando para Augusto muitas de suas propriedades, entre elas a *Villa Pausilypon* e uma imensa casa no Esquilino.

QUINTO DÉLIO – da ordem eqüestre e *negotiator*, seguiu o partido de Marco Antônio, que o enviou ao Egito para prender Cleópatra em 41 a.C. Acompanhou-o mais tarde em sua expedição contra os partos, e, pouco antes da batalha de Ácio, passou a apoiar Octaviano, tendo sido chamado por isso de *desultor bellorum ciuillum* por Valério Messala. Parece ter escrito uma história da guerra contra os partos cuja referência se encontra em Plutarco (*Vidas Paralelas*, Antônio).

QUINTO SALVIDIENO RUFO – originário de Vestini, ingressou como general de Octaviano depois de 44 a.C. Participou da guerra de Perúsia e, em 40, foi designado governador da Gália e cônsul, embora ainda como um *eques*. No final deste mesmo ano, ofereceu seus serviços a Marco Antônio. Este, por sua vez, depois de se ter reconciliado com Octaviano, denunciou a Salvidieno que, convocado a comparecer em Roma, foi denunciado ao Senado, tendo sido declarado inimigo público. Não se sabe se cometeu suicídio ou se foi executado.

SERVÍLIOS – *gens* procedente de Alba que veio para Roma no tempo de Telo e se diversificou em muitos ramos. O Servílio a que Sêneca se refere é Marco Servílio Noniano, que chegou ao consulado em 3 a.C. e foi mencionado como orador por Tácito. Famoso por suas *recitationes*, atraiu a atenção do Imperador Cláudio para sua audiência.

GLOSSÁRIO

Sexto Afrânio Burro – eqüestre procurador de Lívia, Tibério e Cláudio vindo da Gália Narbonense. Como favorito de Agripina, foi apontado como *praefectus praetorio* por Cláudio em 51 e permaneceu em seu posto até 62, quando teria sido envenenado.

Sólon – filósofo, poeta e legislador ateniense. Criou, em 594 a.c., uma série de reformas, entre elas, a *seisachtéia* (proibição da escravidão por dívidas), no plano social, e a *eunomia* (igualdade de todos perante a lei), no plano jurídico. Suas reformas, entretanto, não pacificaram Atenas, gerando um quadro de tensões que propiciou o aparecimento do primeiro tirano ateniense, Pisístrato (561-527 a.C.)

Teatro de L. Cornélio Balbo – teatro de pedra construído no Campo de Marte e inaugurado em 13 a.C.

Teatro de Marcelo – teatro de pedra construído no Campo de Marte por ordem de Augusto para perpetuar o nome do filho adotivo. Dele, hoje, existem apenas ruínas.

Teatro de Pompeu – primeiro teatro de pedra construído em Roma por ordem de Pompeu, no Campo de Marte, em 55 a.C. Foi construído com espólios das Guerras Mitridáticas, perto da Cúria. Tinha capacidade para quatrocentas mil pessoas, segundo Harvey, e para dez mil segundo Howatson.

Templo de Belona – Belona é a deusa romana da guerra. Seu primeiro templo parece ter sido construído por ordem de Ápio Cláudio Cego no Campo de Marte, em 296 a.C. O templo, situado fora das muralhas de Roma, era usado para as reuniões do Senado quando recebia embaixadores estrangeiros e generais romanos de volta do serviço ativo. Nesse local, houve o encontro de Sula com o Senado, durante o qual a sessão foi interrompida pelos gritos estridentes dos inimigos de Sula que estavam sendo massacrados por ordem deste.

IMAGENS DO PODER EM SÊNECA

Tibério Cláudio Nero César – Nascido em 42 a.C., Tibério
Cláudio Nero César, posteriormente (quando de sua adoção por Augusto) Tibério Júlio César, foi tribuno militar
na Espanha em 26, tendo sido enviado para a Armênia ainda neste ano. Cônsul em 13, casou-se no ano seguinte com
Júlia, filha de Augusto. Em 6 a.C. exilou-se voluntariamente
em Rodes e, em 4 d.C., foi chamado e adotado por Augusto.
Estava na Panônia quando Augusto morreu, em 14 d.C. O
Senado atribui-lhe então o Império. Durante seu governo,
concedeu cada vez mais influência ao prefeito Sejano, reti-
rando-se em 27 para a ilha de Capri, da qual nunca mais
regressou a Roma. Morreu a 13 de março de 37.

Triconte – Cavaleiro romano da época de Augusto que teria
açoitado o próprio filho em praça pública.

FONTES E BIBLIOGRAFIA

1. FONTES CITADAS

CALPÚRNIO SÍCULO. *Bucólicas.* Lisboa, Verbo, 1996.

CÍCERO. *Les devoirs.* 2 vols. (Texto estabelecido, trad. e anotado por Maurice Testard). Paris, Les Belles Lettres, 1984-1992.

_____. *Du bien suprême et des maux les plus graves.* (Texto trad. e anotado por Charles Appuhm). Paris, Garnier Frères, 1938.

DIÓGENES LAÉRCIO. *Vida de Filósofos Ilustres.* Barcelona, Obras Maestras, 1962.

DIÃO CÁSSIO. *Roman History.* Cambridge, Harvard University Press, 1995 t. VIII, livros 61 a 70 (The Loeb Classical Library).

LUCANO. *Farsalia.* Madrid, Gredos, 1984.

RAIJ, C. F. Sêneca. *Cartas Consolatórias.* Campinas, Pontes Editores, 1992.

SÊNECA. *Controverses et suasoires.* Paris, Garnier Frères, s/d.

_____. *De Clementia.* (Texto estabelecido e trad. por François Préchac). Paris, Les Belles Lettres, 1921.

_____. *De ira.* Paris, Les Belles Lettres, 1922.

_____. *Des bienfaits.* 2 vols. Paris, Les Belles Lettres, 1926.

_____. *Dialogues.* 4 vols. Paris, Les Belles Lettres, 1922.

_____. *L'apocoloquintose.* Paris, Les Belles Lettres, 1934.

_____. *Apokolokyntosis.* (Introd. notas e trad. de G. D. Leoni). Rio de Janeiro, Ediouro, s/d.

IMAGENS DO PODER EM SÊNECA

———. *Lettres à Lucillius*. 5 vols. Paris, Les Belles Lettres, 1965.

———. *Cartas a Lucílio*. (Trad., pref. e notas de J. SEGURADO E CAMPOS). Lisboa, Fundação Calouste Gulbenkian, 1991.

———. *Tragedias*, versão de Germán Viveros. México, Unam, 1998, p. XLII.

———. *Moral Essays*. (Trad. e introd. de John W. Basore), Cambridge, Harvard University Press, 1985, t. I (The Loeb Classical Library).

———. *Questions Naturelles*. 2v. Paris, Les Belles Lettres, 1929.

———. *Tratado sobre a Clemência*. (Trad. e introd. de Ingeborg Braren). Petrópolis, Vozes, 1990.

SUETÔNIO. *Les vies des douze Césars*. Paris, Les Belles Lettres, 1931.

———. *A Vida dos Doze Césares*. (Trad. de Sady-Garibaldi). Rio de Janeiro, Ediouro, s/d.

OVÍDIO. *Les amours suivis de L'art d'aimer...* (Estabelecimento, trad., notas e introd. de Émile Ripert). Paris, Garnier, 1941.

TÁCITO. *Annales*. Paris, Les Belles Lettres, 1953.

———. *Anais*. (Trad. e pról. de Leopoldo Pereira). Rio de Janeiro, Ediouro, s/d.

———. *Anais* (Trad. de J. L. Freire de Carvalho). Rio de Janeiro/ São Paulo/ Porto Alegre, W. M. Jackson Inc. Editores, 1952.

———. *Histoires*. Paris, Les Belles Lettres, 1921.

VIRGÍLIO. *Géorgiques*. (Texto estabelecido e traduzido por Henri Goelzer). 5ª ed., Paris, Les Belles Lettres, 1947.

2. BIBLIOGRAFIA CITADA

ABEL, K. "Seneca. Leben und Leistung". *ANRW*, II.2, 1985, pp. 654-775.

ACHARD, G. *Néron*. Paris, PUF, 1995.

ACTA *Fratrum Arvalium*. Berlin, Ed. de G. Henzen, 1874.

ADAM, T. *Clementia Principis* (der Einfluss hellenist. Fürstenspiegel auf d. Versch. e. rechtl. Fundierung d. Principats. durch Seneca). Stuttgart, Verlag, 1970.

ADLER, M. "Senecas schrift *De Clementia* und das fragment des Bischofs Hildebert". *WS*, n. 27, 1905.

ALBERTINI, E. *La composition dans les ouvrages philosophiques de Sénèque*. Paris, Boccard, 1923.

FONTES E BIBLIOGRAFIA

ALFONSI, L. "Caratteristiche della Letteratura Giuglio-Claudia". *ANRW*, II.1, 1984, pp. 3-39.

AMA TUCCI, A. G. *La Letteratura di Roma Imperial*. Bolonha, Licinio Cappelli, 1947.

ANDERSON, J. C. C. "Trajan on the *Quinquennium Neronis*". *JRS*, n. 1, 1911, pp. 173-179.

ANDRÉ, J.-M. "La conception de l'État et de l'empire dans la pensée gréco-romaine des deux premiers siècles de notre ère". *ANRW*, II.30.1, 1982, pp. 3-73.

_____. "Les écoles philosophiques aux deux premiers siècles de l'Empire". *ANRW*, II.36.1, 1987, pp. 5-77.

_____. "Sénèque et la peine de mort". *REL*, t. LVII, 1979, pp. 278-297.

ARMISEN-MARCHETTI, M. *'Sapientiae Facies'. Étude sur les images de Sénèque*. Paris, Les Belles Lettres, 1989.

AUBENQUE, P. & ANDRÉ, J.-M. *Sénèque*. Paris, Seghers, 1964.

AYMARD, A. "Le protocole royal grec et son évolution". *REA*, t. L, 1948, pp. 232-263.

BALDWIN, B. "Executions, Trials and Punishment in the Reign of Nero". *PP*, fasc. 117, 1967, pp. 425-439.

BARKER, E. *Teoria Política Grega*. (1ª ed. 1935). 2ª ed., Brasília, Editora da UnB, 1983.

BASORE, John W. Seneca. *Moral Essays*. Cambridge, Harvard University Press, t. I, 1985 (The Loeb Classical Library).

BAUMAN, R. *Crime and Punishment in Ancient Rome*. London/ New York, Routledge, 1996.

BELLONI, G. G. "Significati Storico-politici delle Figurazioni e delle Scritte delle Monete da Augusto a Traiano". *ANRW*, II.1, 1974, pp. 998-1054.

BÉRANGER, J. *Recherches sur l'aspect idéologique du principat*, Basel, Reinhardt, 1953.

BISHOP, J. *Nero. The Man and the Legend*. London, Robert Hale Limited, 1964.

BOULVERT, G. & MORABITO, M. "Le droit de l'esclavage sous le Haut-Empire". *ANRW*, II.14, 1982, pp. 98-183.

BOURGERY, A. *Sénèque le philosophe*. Paris, Hachette, s/d.

BOWDER, D. *Quem Foi Quem na Roma Antiga*. São Paulo, Art Editora/Círculo do Livro, 1990.

BRAREN, I. Sêneca. *Tratado sobre a Clemência*. Dissertação de Mestrado, São Paulo, FFLCH-USP, 1985.

BRÉHIER, E. *Histoire de la Philosophie*, vol. I. Paris, PUF, 1967.

BRUN, J. *O Estoicismo*. Lisboa, Edições 70, 1986.

BÜCHNER, K. "Aufbau und Sinn von Seneca Schrift über die *Clementia*". *Hermes*, Wiesbaden, vol. 98, n. 2, 1970, pp. 203-223.

BUTTENDERSON. *The Life and Principate of the Emperor Nero*. London, 1903.

CAPOCCI, V. "La Cronologia del *De Clementia*". *NFLF*, vol. IV, 1955, pp. 61-73.

CHAUÍ, M. *Convite à Filosofia*. São Paulo, Ática, 1994.

CHAUMARTIN, F.-R. "Quarante ans de recherches sur les oeuvres philosophiques de Sénèque (Bibliographie 1945-1985)". *ANRW*, II.36.3, 1989, pp. 1545-1605.

_____. *Le 'De Beneficiis' de Sénèque, sa signification philosophique, politique et sociale*. Paris, Les Belles Lettres, 1985.

CHEVALIER, R. "Le milieu stoïcien à Rome au 1er siècle ap. J.-C. ou l'âge héroïque du Stoïcisme romain". *BAGB*, t. XIX, 1961, pp. 534-562.

CIZEK, E. "Britannicus a-t-il été empoisonné?" *HELMANTICA*, jan.-dez. 1999, pp. 173-183.

_____. *L'époque de Néron et ses controverses idéologiques*. Leiden, E. J. Brill, 1972.

_____. *Mentalités et institutions politiques romaines*. Paris, Fayard, 1990.

_____. *Néron*. Paris, Fayard, 1982.

_____. *Structures et idéologie dans 'Les vies des douzes Césars'*. Bucareste/Paris, Ed. Academiei/Les Belles Lettres, 1977.

COHEN, H. *Description historique de monnais frappées sous l'Empire Romain communément appellées médailles impériales*. Paris, Akademische Druck-U. Verlagsanstalt, Graz, t. I, 1955.

CORASSIN, M. L. "Sêneca entre a Colaboração e a Oposição". In *Letras Clássicas*. São Paulo, Humanitas, n. 3, dez. 1999, pp. 275-285.

CORBIER, M. "Poder e Parentesco. A Família Júlio-Cláudia". *CLÁSSICA – Revista Brasileira de Estudos Clássicos*. São Paulo, Sociedade Brasileira de Estudos Clássicos, n. 5-6, 1992-1993, pp. 167-206.

CROISILLE, J.-M. *Néron a tué Agrippine*. Bruxelles, Complexe, 1994.

DELATTE, L. *Les traités de la royauté d'Echphante, Diotogène et Sthénidas*. Paris, Les Belles Lettres, 1942.

DIHLE, A. *Greek and Latin Literature of the Roman Empire*. From Augustus to Justinian. London/New York, Routledge, 1994.

DINGEL, J. "*Misericordia Neronis* zur Einheit von Senecas *De Clementia*". *RhM*, n. 132, fasc. 2, 1989, pp. 166-174.

DOWNEY, G. "Tiberiana". *ANRW*, II.2, 1975, pp. 95-129.

DUCOS, M. "La reflexion sur le droit pénal dans Sénèque". *HELMANTICA*, n. 133-135, jan.-dez. 1993, pp. 443-456.

_____. *Les Romains et la Loi. Recherches sur les rapports de la philosophie grecque et de la tradition romaine à la fin de la République*. Paris, Les Belles Lettres, 1984.

DUNCAN-JONES, R. *Money and Government in the Roman Empire*. Cambridge, Cambridge University Press, 1998.

EHRHARDT, Marcos Luís. *"Vir Virturis"*: *A Construção da Imagem do Príncipe Perfeito nos Escritos de Lucius Seneca*. Dissertação de Mestrado, Curitiba, UFPR, 2001.

ERRANDONEA, I. (dir.). *Diccionario del Mondo Clásico*. 2 vols. Madrid, Labor, 1954.

ERSKINE, E. *The Hellenistic Stoa. Political Thought and Action*. London, Duckworth, 1990.

FAIDER, P. Sénèque. *De la clémence*. I: Introduction et texte. Paris, 1928.

FAVERSANI, F. *A Sociedade em Sêneca*. Tese de Doutorado. São Paulo, FFLCH-USP, 2001.

FEARS, R. "Nero as the Viceregent of the Gods in Seneca's *De Clementia*". *Hermes*. Wiesbaden, Verlag, n. 103, 1975, pp. 489-490.

_____. "The Cult of Virtues and Roman Imperial Ideology". *ANRW*, II.2, 1981, pp. 827-948.

FESTUGIÈRE, A. J. "Le *logos* hermétique d'enseigment". *REG*, t. LV, 1942, pp. 78-79.

_____. Comptes Rendus Bibliographiques. *REG*, t. LV, 1942, pp. 375-377.

FINLEY, M. *A Política no Mundo Antigo*. Rio de Janeiro, Zahar, 1985.

FUCHS, H. "Zu Seneca *De Clementia* I, 9, 1". *RhM*, vol. 108, n. 4, 1965, p. 378.

FÜHRMANN, M. "Die Alleinherrschaft und das Problem der Gerechtigkeit (Seneca: *De Clementia*)". *Gym.*, vol. 70, n. 6, 1963, pp. 481-514.

GAZOLLA, R. *O Ofício do Filósofo Estóico*. O Duplo Registro do Discurso da Stoa. São Paulo, Loyola, 1999.

GIANCOTTI, F. "Il Posto della Biografia nella Problematica Senechiana. IV.1 Sfondo Storico e Data del '*De Clementia*'". *RAL*, n. 9, 1954, pp. 329-344.

_____. "Il Posto della Biografia nella Problematica Senechiana. IV.4 Stato del Testo". *RAL*, n. 9, 1954, pp. 597-609.

————. "Il Posto della Biografia nella Problematica Senechiana. IV.5 Strutura del '*De Clementia*'". *RAL*, n. 10, 1955, pp. 36-61.

GONÇALVES, A. T. M. "Uma Análise da Obra *De Clementia* de Sêneca: A Noção de Virtude". *Phoînix*. Rio de Janeiro, UFRJ, n. 5, 1999, pp. 51-74.

GOODENOUGH. E. R. "The Political Philosophy of Hellenistic Kingship". *YCS*, n. 1, 1928.

GOURINAT, J.-B. *Les stoïciens et l'âme*. Paris, PUF, 1996.

GRANT, M. *Roman Imperial Money*. Toronto/New York, Thomas Nelson and Sons Ltd., 1954.

GREEK and Roman Coins, 1993, n. 1459 (catálogo comercial).

GRIFFIN, M. T. *Nero. The End of a Dinasty*. London, Batsford, 1984.

————. *Seneca, a Philosopher in Politics*. Oxford, Oxford University Press, 1976.

GRIFFITH, G. T. & TARN, W. *La Civilización Helenística*. (1ª ed., 1927). México, Fondo de Cultura Económica, 1982.

GRIMAL, P. *La littérature latine*. Paris, Fayard, 1984.

————. *Dictionnaire de la Civilization Romaine*. Paris, Larousse, 1989.

————. "La composition dans les *Dialogues* de Sénèque. Le *De Constantia Sapientis*". *REA*, n. 51, 1949, pp. 246-261.

————. "La composition dans les *Dialogues* de Sénèque. Le *De Prouidentia*". *REA*, n. 52, 1950, pp. 238-257.

————. "Le *De Clementia* et la royauté solaire de Néron". *REL*, 1972, pp. 205-217.

————. "Les éléments philosophiques dans l'idée de monarchie à Rome à la fin de la république". In *Aspects de la philosophie hellénistique*. Geneva, Vandoeuvres, ago. 1985, pp. 245-246 (Entretiens sur l'antiquité classique, XXXII).

————. "Nature et limites de l'écletisme philosophique chez Sénèque". *LEC*, t. XXXVIII, n. 1, jan. 1970, pp. 3-17.

————. *Sénèque ou la conscience de l'empire*. Paris, Fayard, 1978.

————. *Sénèque. Sa vie, son oeuvre avec un exposé de sa philosophie*. Paris, PUF, 1948.

GUARINELLO, N. L. "Nero, o Estoicismo e a Historiografia Romana". *Boletim do CPA*, Campinas, n. 1, jan.-jul. 1996, pp. 53-61.

GUARINELLO, N. L. & JOLY, F. D. "Ética e Ambigüidade no Principado de Nero".

FONTES E BIBLIOGRAFIA

In Benoit, H. & Funari, P. P. A. *Ética e Política no Mundo Antigo*. Campinas, IFCH-Unicamp/ Fapesp, 2001, pp. 133-152.

Hadot, P. *O que é a Filosofia Antiga*. São Paulo, Loyola, 1999.

Hammond, N. e Scullard, H. (eds.). *The Oxford Classical Dictionary*. Oxford, Clarendon Press, 1979.

Harvey, P. (ed.). *Dicionário Oxford de Literatura Clássica Grega e Latina*. Rio de Janeiro, Zahar, 1987.

Herrmann, L. "Chronologie des oeuvres en prose de Sénèque". *Latomus*, t. I, 1937, pp. 94-112.

_____. "Encore le *De Clementia*". *REA*, t. XXXVI, 1934, pp. 353-359.

_____. "La date du *De Clementia*". *REL*, t VII, 1929, pp. 94-169.

Hochrt, P. *Études sur la vie de Sénèque*. Paris, Ernest Leroux, s/d.

Homo, L. *Les institutions politiques romaines*. Paris, Albain Michel, 1970.

Hosius, C. *De Beneficiis et De Clementia*. Leipzig, Teubner, 1900.

Howatson, M. C. (ed.). *The Oxford Companion to Classical Literature*. Oxford, Oxford University Press, 1990.

Jal, P. "Images d'Auguste chez Sénèque". *REL*, t. XXXV, 1957, pp. 242-264.

Jósson, E. M. *Le miroir. Naissance d'un genre littéraire*, Paris, Les Belles Lettres, 1990, p. 34.

Kenney, E. J. (ed.). *The Cambridge History of Classical Literature*. Latin Literature (ii). Cambridge, Cambridge University Press, 1982.

Kindler, L. "Problemas de composition y estructura en el *De Clementia* de Seneca". *Emerita*, t. XXXIV, fasc. 1, 1966, pp. 39-60.

Lefort, C. "O Sentido Histórico. Stendhal e Nietzsche". In Novaes, A. (org.). *Tempo e História*. São Paulo, Companhia das Letras, 1994.

Lemerle, P. "Bulletin Bibliographique". *RPh*, t. XXV, 1951, p. 102.

Lesuisse, L. "L'aspect héréditaire de la succession impériale sous les Julio-Claudiens". *LEC*, t. XXX, 1961*a*, pp. 32-50.

_____. "La nomination de l'empereur et le titre d'*Imperator*". *AC*, t. XXX, 1961*b*, pp. 415-420.

_____. "Le titre de *Caesar* et son évolution au cours de l'histoire de l'empire". *LEC*, t. XXIX, n. 1, 1961*c*, pp. 271-287.

Levi, M. *Nerone e suoi tempi*. Milano, 1948.

Lex Corneliae de Falsis. Verbete elaborado por Long, G. (Trinity College) a partir de Smith, W. *A Dictionary of Greek and Roman Antiquities*. London, John Murray, 1875, pp. 517-518. Ver www.ukans.edu/history/

index/europe/ancient_rome/ E/Roman/Texts/secondary/SMIGRA*/ Leges_Corneliae.html.

L'EMPRIÈRES's *Classical Dictionary of Proper Names Mentioned in Ancient Authors*. London, Routledge/Kegan Paul, 1984.

MACDOWALL, D. W. *The Western Coinages of Nero*. New York, The American Numismatic Society, 1979.

MARCUS, R. Book Reviews. *CJ*, vol. 44, n. 8, maio 1949, pp. 500-502.

MARTIN, R. & GAILLARD, J. *Les genres littéraires à Rome*. Paris, Nathan, 1984.

MATTINGLY, H. & SYDERNHAM, E. *The Roman Imperial Coinage*. London, Spink & Son Ltd., vol. I, 1948.

MICHEL, A. *La philosophie politique à Rome d'Auguste à Marc Aurèle*. Paris, Armand Colin, 1969.

MOLINIER, A. "Philippe le bon roi de Cicéron à Sénèque". *REL*, 1996, pp. 60-79.

MOMIGLIANO, A. "Nero". In COOK, S., ADOCK, F. & CHARLESWORTH, M. (eds.). *The Cambridge Ancient History*. Cambridge, Cambridge University Press, col. X, 1952, pp. 702-742.

MOMMSEN, T. *Historia de Roma*. 6ª ed., Madrid, Alianza, t. II, 1965.

MOREAU, J. *Stoïcisme, Épicurisme et Tradition Hellénique*. Paris, J. Vrin, 1979.

MORTUREAUX, B. "Les idéaux stoïciens et les premières responsabilités politiques: le *De Clementia*". *ANRW*, II.36.3, 1989, pp. 1639-1685.

_____. *Recherches sur le 'De Clementia' de Sénèque. Vocabulaire et composition*. Bruxelles, Latomus, 1973.

MUNFORD, M. "Tacitus' Historical Methods in the Neronian Books of the *Annals*". *ANRW*, II.33.2, 1990, pp. 1582-1627.

MURRAY, G. *Stoic, Christian and Humanist*. London, C. A. Watts & Co., 1946.

MURRAY, O. "The *Quinquennium Neronis* and the Stoics". *Historia*, vol. 14, 1965, pp. 41-61.

NÉRAUDEAU, J.-P. *Auguste*. Paris, Les Belles Lettres, 1996.

OMENA, Luciene Munhoz de. *A Centralização do Poder nas obras "De Clementia" e "Divi Claudii Apocolocyntosis", de Sêneca*. Dissertação de Mestrado, Campinas, Unicamp, 2002.

NOVAK, M. da G. "Estoicismo e Epicurismo em Roma". *Letras Clássicas*. São Paulo, Humanitas, n. 3, 1999, pp. 257-273.

PENA, M. *Le stoïcisme et l'empire romain. Historicité et permanences*. Aix-en-Provance, Presses Universitaires d'Aix-en-Marseille, 1990.

PETIT, P. *A Paz Romana*. São Paulo, Edusp/Pioneira, 1989.

FONTES E BIBLIOGRAFIA

————. *Histoire générale de l'Empire Romain*. Le Haut-Empire. Paris, Seuil, 1974.

PRATT, N. T. *Seneca's Drama*. Chapel Hill/ London, The University of North Carolina Press, 1983.

PRÉCHAC, F. "La date du *De Clementia*". *Académie des Inscriptions et Belles Lettres*. Paris, Les Belles Lettres, 1913, pp. 385-393.

————. "La date et la composition du *De Clementia*". *REL*, t. X, 1932, pp. 91-114.

————. "Sénèque et l'histoire". *RPh*, t. IX, 1935, pp. 361-370.

————. Sénèque – *De la clémence*. Introduction. Le traité *De Clementia*, sa composition et sa destination. Paris, Les Belles Lettres, 1921.

PRIETO, M. H. U. *Política e Ética. Textos de Isócrates*. Lisboa, Presença, 1989.

REALE, G. *História da Filosofia Antiga*. São Paulo, Loyola, vol. 3, 1994.

RENARD, M. "Sénèque, historien de la conjuration de Cinna". *LATOMUS*, jan.-mar. 1937, pp. 241-255.

RICHTER, W. "Das Problem der Datierung von Seneca *De Clementia*". *RhM*, n. 108, fasc. 2, 1965.

RIST, J. M. "Seneca and Stoic Orthodoxy". *ANRW*, II.36.3, 1989, pp. 1993-2012.

RODIS-LEWIS, G. *La morale stoïcienne*. Paris, PUF, 1970.

ROSSBACH, O. *De Senecae Philosophi Librorum Recensione et Emendatione* (premissae sunt Senecae Librorum quomodo amicitia continenda sit et De uita patris reliquae). Breslau, Koebner, 1888 e Hildesheim, 1969.

RUDICH, V. *Dissidence and Literature under Nero*. The Price of the Rhetoricization. London, Routledge, 1997.

————. *Political Dissidence under Nero*. The Price of Dissimulation. London/ New York, Routledge, 1993.

SALLER, R. P. *Personal Patronage under the Early Empire*. Cambridge, Cambridge University Press, 1982.

SALOMONE, M. *Seneca e suoi Pensieri di Filosofia e di Pedagogia*. Torino, Detta G. B. Paravia e Comp., 1914.

SÁNCHEZ, J. R. "*Vox Populi et Princeps*: El Impacto de la Opinión Pública sobre el Comportamiento Político de los Emperadores Romanos". *LATOMUS*, t. 55, fasc. 2, abr.-jun. 1996, pp. 295-328.

SÁNCHEZ, M. F. M. (org.). "Lucio Aneo Séneca. La Interioridad como Actitud y Consciencia Moral. Una Investigación Documental de su Obra y

Pensamiento". In *Documentos A.* Genealogia Cientifica de la Cultura. Barcelona, Anthropos Edito-rial del Hombre, n. 7, mar. 1994.

SANDBACH, F. H. *The Stoics.* 2. ed. London, Duckworth, 1989.

SAUDERS, J. L. (ed.). *Greek and Roman Philosophy after Aristotle.* New York, The Free Press, 1994.

SEAR, D. *Roman Coins and their Values.* London, Searby, 1988.

SHARPLES, R. W. *Stoics, Epicureans and Sceptics.* London/ New York, Routledge, 1996.

SHOTTER, D. *Nero.* London/New York, Routledge, 1997.

SIRINELLI, J. *Les enfants d'Alexandre. La littérature et la pensée grecques (331 av. J.C.-519 ap. J.C.).* Paris, Fayard, 1993.

SIZOO, A. "Paetus Thrasea et le Stoïcisme". *REL,* t. IV, 1926, pp. 231-232.

SOMVILLE, P. "Le poison de Britannicus". *LEC,* t. LXVII, 1999, pp. 255-258.

SORENSEN, V. *Seneca. The Humanist at the Court of Nero.* Chicago, The University Chicago Press, 1984.

STEYNS, D. *Les métaphores et les comparaisons dans les oeuvres en prose de Sénèque le philosophe.* Gand, Librairie J. Vuylsteke, 1906.

SULLIVAN, J. P. *Literature and Politics in the Age of Nero.* Ithaca/London, Cornell University Press, 1985.

SUTHERLAND, C. H. V. *Coinage in Roman Imperial Policy 31 B.C.-A.D. 68.* London, Methuen, 1951.

SYME, R. *The Roman Revolution.* Oxford, Oxford University Press, 1960.

TELLEGEN-COUPIERUS, O. *A Short History of Roman Law.* London/ New York, Routledge, 1993.

THORNTON, M. K. "The Augustean Tradition and Neronian Economics". *ANRW,* II.2, 1975, pp. 149-175.

VOISIN, J.-L. (ed.). *Dictionnaire des Personages Historiques.* Paris, Le Livre de Poche, 1995.

VEGA, M. J. H. de la. *El Intelectual, la Realeza y el Poder Político en el Impero Romano.* Salamanca, Universidad de Salamanca, 1995.

VENTURINI, R. L. B. *Relações de Poder na Obra de Plínio, o Jovem.* Tese de Doutorado. São Paulo, FFLCH-USP, 2000.

VEYNE, P. "O Indivíduo Atingido no Coração pelo Poder público". In VEYNE, P. *et al. Indivíduo e Poder.* Lisboa, Edições 70, 1988, pp. 9-23.

———. *Séneca y el Estoicismo.* México, Fondo de Cultura Económica, 1996.

FONTES E BIBLIOGRAFIA

VILLA, E. *La Clemenza Política di Roma*. Biella, Officina Grafiche Attilio de Thomatis, 1946.

WALLACE-HADRILL, A. "Patronage in Roman Society: from Republic to Empire". In WALLACE-HADRILL, A. (ed.). *Patronage in Ancient Society*. London, Routledge, 1990, pp. 63-87.

WALLACE-HADRILL, A. "The Emperor and his Virtues". *Historia*, n. 30, 1991, pp. 298-323.

WALTZ, R. *Vie de Sénèque*. Paris, Perrin, 1909.

WARMINGTON, B. H. *Nero. Reality and Legend*. London, Chatto and Windus, 1981.

WEIDAUER, F. *Der Prinzipat in Senecas Schrift 'De Clementia'*. Diss. Marburg, 1950.

WEIGALL, A. *Néron*. Paris, Payot, 1931.

WICKERT, L. "Princeps (ciuitatis)". *R-E*, n. 44, 1954.

WINTON, R. & GARNSEY, P. "Political Theory". In FINLEY, M. *The Legacy of Greece. A New Appraisal*. Oxford, Oxford University Press, 1981, pp. 37-64.

ZEHNACKER, H. "Tensions et contradictions dans l'empire au Ier siècle. Les témoignages numismatiques". In *Opposition et Résistences à l'Empire d'Auguste à Trajan*. Genève, Vandoeuvres, ago. 1986, pp. 321-361.

ZWIERLEIN, O. "Zur datierung von Senecas *De Clementia*". *RhM*, n. 139, fasc. 1, 1996, pp. 14-32.

Título	Imagens do Poder em Sêneca
Autora	Marilena Vizentin
Capa	Negrito Design Editorial
Imagem da Capa	Afresco de Pompéia (22 x 53 cm)
Produção Editorial	Aline Sato
Editoração Eletrônica	Amanda E. de Almeida
Revisão de Texto	Fábio Duarte Joly
Formato	14 x 21 cm
Tipologia	Minion
Papel	Cartão Supremo 250 g/m² (capa)
	Polén Soft 80 g/m² (miolo)
Número de Páginas	225
Fotolito	Liner
Impressão e Acabamento	Lis Gráfica